HEYNE <

W0020830

WILHELM HEYNE VERLAG
MÜNCHEN

Vorwort

Was der Bäcker von nebenan kann, können Sie ab sofort zu Hause auch.

Die leckeren quadratischen Kuchenstücke vom Blech sind ideal,

um Familie und Gäste satt zu bekommen. Übrig gebliebener Kuchen kann

am nächsten Tag wieder appetitlich angeboten werden.

Wir haben traditionelle Familienrezepte, die seit Jahrzehnten von Generation zu

Generation weitergegeben werden und neue, pfiffige Kreationen, die oft ganz nebenbei

entstehen, für Sie ausprobiert und so beschrieben, dass sie garantiert gelingen.

Abkürzungen

EL = Esslöffel

TL = Teelöffel

Msp. = Messerspitze

Pck. = Packung/Päckchen

g = Gramm

kg = Kilogramm

ml = Milliliter

l = Liter

Min. = Minuten

Std. = Stunden

evtl. = eventuell

geh. = gehäuft

gestr. = gestrichen

TK = Tiefkühlprodukt

°C = Grad Celsius

Ø = Durchmesser

E = Eiweiß

F = Fett

Kh = Kohlenhydrate

kcal = Kilokalorien

kJ = Kilojoule

Hinweise zu den Rezepten

Lesen Sie bitte vor der Zubereitung – besser noch vor dem Einkaufen – das Rezept einmal vollständig durch. Oft werden Arbeitsabläufe oder -zusammenhänge dann klarer.

Die in den Rezepten angegebenen Backtemperaturen und -zeiten sind Richtwerte, die je nach individueller Hitzeleistung des Backofens über- oder unterschritten werden können. Bitte beachten Sie deshalb bei der Einstellung des Backofens die Gebrauchsanweisung des Herstellers und machen Sie nach Beendigung der Backzeit eine Garprobe.

Zubereitungszeiten

Die Zubereitungszeit beinhaltet nur die Zeit für die eigentliche Zubereitung, die Backzeiten sind gesondert ausgewiesen. Längere Wartezeiten wie z. B. Kühlzeiten sind nicht mit einbezogen.

Kapitelübersicht

Fruchtiges vom Blech

Seite 8 – 59

Klassiker

Seite 60 – 95

Kapitelübersicht

Mit Nuss & Mandelkern

Seite 96 – 125

Hits für Kids

Seite 126 – 155

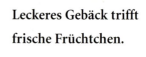

Leckeres Gebäck trifft frische Früchtchen.

Fruchtiges vom Blech

Bunte Obstschnitten vom Blech

Zubereitungszeit: 80 Min., ohne Kühlzeit
Backzeit: etwa 30 Min.

Insgesamt: E: 95 g, F: 291 g, Kh: 563 g, kJ: 22750, kcal: 5430

Für den Rührteig:
- 200 g weiche Butter oder Margarine
- 200 g Zucker
- 1 Pck. Vanillin-Zucker
- 4 Eier (Größe M)
- 200 g Weizenmehl
- 2 gestr. TL Backpulver

Für den Pudding-Belag:
- 1 Pck. Pudding-Pulver Vanille-Geschmack
- 500 ml (½ l) Milch
- 40 g Zucker
- 5 Blatt weiße Gelatine
- 250 g Crème fraîche

Für den Obst-Belag:
- 1–1,2 kg vorbereitete Früchte (z.B. Erdbeeren, Blaubeeren, Himbeeren, Brombeeren)

1 Für den Teig Butter oder Margarine mit Handrührgerät mit Rührbesen auf höchster Stufe geschmeidig rühren. Nach und nach Zucker und Vanillin-Zucker unterrühren. So lange rühren, bis eine gebundene Masse entstanden ist.

2 Eier nach und nach unterrühren (jedes Ei etwa ½ Minute). Mehl mit Backpulver mischen, sieben, portionsweise auf mittlerer Stufe unterrühren.

3 Den Teig auf ein Backblech (30 x 40 cm, gefettet) streichen. Das Backblech in den Backofen schieben.

Ober-/Unterhitze:
etwa 180 °C (vorgeheizt)
Heißluft:
etwa 160 °C (vorgeheizt)
Gas: Stufe 2–3 (vorgeheizt)
Backzeit: etwa 30 Minuten.

4 Das Backblech auf einen Kuchenrost stellen. Die Gebäckplatte erkalten lassen. Einen Backrahmen darumstellen.

5 Für den Pudding-Belag aus Pudding-Pulver, Milch und Zucker nach Packungsanleitung einen Pudding zubereiten.

(Fortsetzung Seite 10)

Den Pudding in eine Schüssel geben, sofort mit Klarsichtfolie zudecken und erkalten lassen.

6 Gelatine in kaltem Wasser nach Packungsanleitung einweichen. Leicht ausdrücken. Die ausgedrück-

te Gelatine in einem kleinen Topf unter Rühren erwärmen (nicht kochen), bis sie völlig gelöst ist, leicht abkühlen lassen. Gelatine mit einigen Löffeln von der Puddingmasse verrühren, dann mit der restlichen Puddingmasse verrühren. Crème fraîche unterrühren. Die Pudding-

Crème-fraîche-Masse auf die Gebäckplatte geben und glatt streichen.

7 Das vorbereitete Obst auf der Pudding-Crèmefraîche-Masse verteilen. Den Kuchen etwa 2 Stunden kalt stellen. Den Backrahmen lösen und entfernen.

Sauerkirschkuchen

Zubereitungszeit: 45 Min., ohne Kühlzeit
Backzeit: etwa 30 Min.

Insgesamt: E: 129 g, F: 344 g, Kh: 797 g, kJ: 30455, kcal: 7270

Für den Belag:
- 1 kg Sauerkirschen
- 150 g ganze Mandeln

Für den Rührteig:
- 250 g weiche Butter oder Margarine
- 250 g gesiebter Puderzucker
- 1 Prise Salz
- 1 Pck. Finesse Geriebene Zitronenschale
- 6 Eier (Größe M)
- 300 g Weizenmehl
- 100 g Speisestärke
- 1 TL Backpulver
- 4 EL saure Sahne

Für den Guss:
- 150 g gesiebter Puderzucker
- 3–4 EL Kirschwasser oder Zitronensaft

1 Für den Belag Sauerkirschen waschen, abtropfen lassen, entstielen und entsteinen.

2 Mandeln kurze Zeit in kochendes Wasser geben, in kaltem Wasser abschrecken, enthäuten und halbieren.

3 Für den Teig Butter oder Margarine mit Handrührgerät mit Rührbesen auf höchster Stufe geschmeidig rühren, nach und nach Puderzucker, Salz und Zitronenschale unterrühren, so lange rühren, bis eine gebundene Masse entstanden ist. Eier nach und nach unterrühren (jedes Ei etwa ½ Minute).

4 Mehl mit Speisestärke und Backpulver mischen, sieben, portionsweise auf mittlerer Stufe unterrühren. Zuletzt die saure Sahne unterheben.

5 Den Teig auf ein Backblech (30 x 40 cm, gefettet, mit Backpapier belegt) geben, glatt streichen, die abgetropften Sauerkirschen darauf verteilen, mit Mandeln bestreuen und das Backblech in den Backofen schieben.

Ober-/Unterhitze:
etwa 180 °C (vorgeheizt)
Heißluft: etwa 160 °C (vorgeheizt)
Gas: Stufe 2–3 (vorgeheizt)
Backzeit: etwa 30 Minuten.

6 Den gebackenen Kuchen etwa 15 Minuten auf dem Blech abkühlen lassen.

7 Für den Guss Puderzucker mit Kirschwasser oder Zitronensaft zu einer dickflüssigen Masse verrühren und den Kuchen damit besprenkeln. Den Kuchen in Stücke schneiden und servieren.

Aprikosen-Crème-fraîche-Schnitten

Zubereitungszeit: 35 Min., ohne Kühlzeit
Backzeit: etwa 40 Min.

Insgesamt: E: 110 g, F: 379 g, Kh: 713 g, kJ: 29344, kcal: 7009

Für den Knetteig:
- **300 g Weizenmehl**
- **75 g Speisestärke**
- **1 gestr. TL Backpulver**
- **175 g Zucker**
- **1 Pck. Vanillin-Zucker**
- **1 Prise Salz**
- **1 Ei (Größe M)**
- **200 g Butter oder Margarine**

Für den Belag:
- **2 Becher (je 150 g) Crème fraîche**
- **75 g Zucker**
- **1 Pck. Vanillin-Zucker**
- **1 Pck. Dessert-Sauce Vanille-Geschmack (zum Kochen)**
- **125 g abgezogene, gemahlene Mandeln**
- **1 Ei (Größe M)**
- **etwa 1 kg reife Aprikosen**
- **70 g abgezogene, halbierte Mandeln**

- **Puderzucker**

1 Für den Teig das Mehl mit Speisestärke und Backpulver mischen, in eine Rührschüssel sieben. Zucker, Vanillin-Zucker, Salz, Ei und Butter oder Margarine hinzufügen. Die Zutaten mit Handrührgerät mit Knethaken zunächst kurz auf niedrigster, dann auf höchster Stufe gut durcharbeiten. Anschließend auf der Arbeitsfläche zu einem glatten Teig verkneten. Sollte er kleben, ihn eine Zeit lang kalt stellen.

2 Den Teig auf einem Backblech (30 x 40 cm, gefettet, mit Backpapier belegt) ausrollen. Vor den Teig einen mehrfach geknickten Streifen Alufolie legen.

3 Für den Belag Crème fraîche mit Zucker, Vanillin-Zucker, Saucenpulver, Mandeln und Ei gut verrühren und gleichmäßig auf dem Teig verstreichen. Die Aprikosen waschen, abtrocknen, halbieren, entsteinen und mit der Wölbung nach unten gleichmäßig auf die Crème-fraîche-Masse legen. In jede Aprikosenhälfte eine halbierte Mandel geben. Das Backblech in den Backofen schieben.

Ober-/Unterhitze:
etwa 180 °C (vorgeheizt)
Heißluft: etwa 160 °C
(nicht vorgeheizt)
Gas: Stufe 2–3
(nicht vorgeheizt)
Backzeit: etwa 40 Minuten.

4 Das Gebäck sofort nach dem Backen mit etwas Puderzucker bestäuben, auf einem Kuchenrost erkalten lassen und vor dem Servieren nochmals mit Puderzucker bestäuben.

- **Tipp:**
Es können auch Aprikosen aus der Dose (3 Dosen je 240 g Einwaage) verwendet werden. Maximal 1 Tag vor dem Verzehr zubereiten.

Fruchtiges vom Blech

FÜR GÄSTE-BELIEBT

Apfelkuchen mit Pudding

Zubereitungszeit: 35 Min.
Backzeit: etwa 35 Min.

Insgesamt: E: 94 g,
F: 152 g, Kh: 606 g,
kJ: 18434, kcal: 4395

Für den Quark-Öl-Teig:
- **300 g Weizenmehl**
- **1 Pck. Backpulver**
- **150 g Magerquark**
- **6 EL Milch**
- **6 EL Speiseöl**
- **75 g Zucker**
- **1 Pck. Vanillin-Zucker**
- **1 Prise Salz**

Für den Belag:
- **1 Pck. Pudding-Pulver**
  Vanille-Geschmack
- **75 g Zucker**
- **2 Eigelb (Größe M)**
- **375 ml (⅜ l) Milch**
- **125 ml (⅛ l)**
  Schlagsahne
- **2 Eiweiß (Größe M)**
- **1¼ kg Äpfel**

Zum Aprikotieren:
- **2 EL Aprikosenkonfitüre**
- **1 EL Wasser**
- **1–2 EL Aprikot Brandy**

1 Für den Teig Mehl mit Backpulver mischen, in eine Rührschüssel sieben. Quark, Milch, Öl, Zucker, Vanillin-Zucker und Salz hinzufügen. Die Zutaten mit Handrührgerät mit Knethaken auf höchster Stufe in etwa 1 Minute verarbeiten (nicht zu lange, Teig klebt sonst). Anschließend auf der Arbeitsfläche zu einer Rolle formen. Den Teig in einer Fettfangschale (30 x 40 cm, gefettet) ausrollen.

2 Für den Belag Pudding-Pulver, Zucker und Eigelb mit 6 Esslöffeln von der Milch anrühren. Die übrige Milch und Sahne zum Kochen bringen, von der Kochstelle nehmen, das angerührte Pudding-Pulver unter Rühren hineingeben, kurz aufkochen lassen.

3 Eiweiß steif schlagen – es muss so fest sein, dass ein Messerschnitt sichtbar bleibt – und unter den Pudding heben. Die Masse gleichmäßig auf dem Teig verteilen.

4 Äpfel schälen, vierteln, entkernen, in Spalten schneiden und schuppenförmig auf den Pudding legen. Vor den Teig einen mehrfach umgeknickten Streifen Alufolie legen. Das Backblech in den Backofen schieben.

Ober-/Unterhitze:
180 °C (vorgeheizt)
Heißluft:
160 °C (nicht vorgeheizt)
Gas:
Stufe 2–3 (nicht vorgeheizt)
Backzeit: etwa 35 Minuten.

5 Zum Aprikotieren Aprikosenkonfitüre durch ein Sieb streichen, mit Wasser und Aprikot Brandy verrühren und kurz aufkochen lassen. Sofort nach dem Backen den Kuchen damit bestreichen.

6 Das Backblech auf einen Kuchenrost stellen und den Kuchen erkalten lassen.

■ Tipp:
Den Kuchen maximal 1 Tag vor dem Verzehr zubereiten. Anstelle der Äpfel können als Belag auch Aprikosen (2 Dosen je 480 g Abtropfgewicht) verwendet werden.

Fruchtiges vom Blech

FÜR GÄSTE

Quark-Apfel-Kuchen mit Streuseln

Zubereitungszeit: 50 Min.
Backzeit: etwa 50 Min.

Insgesamt: E: 236 g,
F: 414 g, Kh: 919 g,
kJ: 36570, kcal: 8727

Für den Quark-Öl-Teig:
- **300 g Weizenmehl**
- **1 Pck. Backpulver**
- **150 g Magerquark**
- **6 EL Milch**
- **6 EL Speiseöl**
- **75 g Zucker**
- **1 Pck. Vanillin-Zucker**
- **1 Prise Salz**

Für den Belag:
- **1½ kg Äpfel**
- **150 g Butter**
- **100 g Zucker**
- **½ Fläschchen Zitronen-Aroma**
- **4 Eigelb (Größe M)**
- **850 g Magerquark**
- **50 g Weizengrieß**
- **4 Eiweiß (Größe M)**

Für die Streusel:
- **200 g Weizenmehl**
- **70 g abgezogene, gemahlene Mandeln**
- **150 g Zucker**
- **½ TL gemahlener Zimt**
- **150 g Butter oder Margarine**

1 Für den Teig Mehl mit Backpulver mischen, in eine Rührschüssel sieben. Quark, Milch, Öl, Zucker, Vanillin-Zucker und Salz hinzufügen.

2 Die Zutaten mit Handrührgerät mit Knethaken auf höchster Stufe in etwa 1 Minute verarbeiten (nicht zu lange, Teig klebt sonst), anschließend auf der bemehlten Arbeitsfläche zu einer Rolle formen. Den Teig auf einem Backblech (30 x 40 cm, gefettet, mit Backpapier belegt) ausrollen, davor einen mehrfach umgeknickten Streifen Alufolie legen.

3 Für den Belag Äpfel schälen, vierteln, entkernen, in dünne Spalten schneiden und schuppenförmig auf den Teig legen.

4 Butter geschmeidig rühren. Nach und nach Zucker, Aroma, Eigelb, Quark und Grieß unterrühren. Eiweiß steif schlagen, unter die Quarkmasse ziehen, auf die Äpfel streichen.

5 Für die Streusel Mehl sieben, mit Mandeln, Zucker, Zimt und Butter oder Margarine in eine Rührschüssel geben, mit Handrührgerät mit Knethaken zu Streuseln von gewünschter Größe verarbeiten und gleichmäßig auf der Quarkmasse verteilen. Das Backblech in den Backofen schieben.

Ober-/Unterhitze:
etwa 180 °C (vorgeheizt)
Heißluft: etwa 160 °C
(nicht vorgeheizt)
Gas: Stufe 2–3
(nicht vorgeheizt)
Backzeit: etwa 50 Minuten.

6 Das Backblech auf einen Kuchenrost stellen und den Kuchen erkalten lassen.

Obstkuchen mit Walnusskernen

Zubereitungszeit: 40 Min.,
ohne Einweich- und
Auftauzeit
Backzeit: etwa 35 Min.

Insgesamt: E: 183 g,
F: 438 g, Kh: 1167 g,
kJ: 41016, kcal: 9795

- **150 g Studentenfutter**
- **2 EL Rum**
- **1 Pck. (300 g) TK-Blätterteig**

Für den Rührteig:
- **250 g blaue Weintrauben**
- **250 g grüne Weintrauben**
- **500 g Äpfel**
- **500 g Birnen**
- **abgeriebene Schale und 2 EL Saft von 1 großen Zitrone (unbehandelt)**
- **250 g weiche Butter**
- **250 g gesiebter Puderzucker**
- **6 Eier (Größe M)**
- **600 g Weizenmehl**
- **1 Pck. Backpulver**
- **150 g grob gehackte Walnusskerne**

Zum Bestreichen:
- **1 Eigelb (Größe M)**

Für den Guss:
- **150 g gesiebter Puderzucker**
- **3 EL Zitronensaft**

1 Studentenfutter in Rum 1–2 Stunden einweichen. Die Blätterteigplatten zugedeckt auftauen lassen.

2 Für den Teig Weintrauben waschen, abtropfen lassen, halbieren und entkernen. Äpfel und Birnen schälen, vierteln, entkernen und die Fruchtstücke quer in nicht zu dünne Scheiben schneiden. Das vorbereitete Obst mit Studentenfutter, Zitronenschale und -saft vermengen.

3 Butter mit Handrührgerät mit Rührbesen auf höchster Stufe geschmeidig rühren. Nach und nach Puderzucker unterrühren. So lange rühren, bis eine gebundene Masse entstanden ist. Eier nach und nach unterrühren (jedes Ei etwa ½ Minute).

4 Mehl mit Backpulver mischen, sieben und portionsweise auf mittlerer Stufe unterrühren. Zuletzt Obst, Studentenfuttermischung und Walnusskerne unterrühren.

5 Den Teig in eine Fettfangschale (30 x 40 cm, gefettet, mit Mehl bestäubt) geben und glatt streichen. Die Blätterteig-Platten übereinander legen, in der Größe der Fettfangschale ausrollen, auf eine Teigrolle wickeln und als Deckel über dem Rührteig abrollen. Ränder andrücken. Eigelb mit etwas Wasser verschlagen, die Blätterteigdecke damit bestreichen und mehrmals mit einer Gabel einstechen. Das Backblech in den Backofen schieben.

Ober-/Unterhitze:
etwa 180 °C (vorgeheizt)
Heißluft: etwa 160 °C
(nicht vorgeheizt)
Gas: Stufe 2–3
(nicht vorgeheizt)
Backzeit: etwa 35 Minuten.

6 Für den Guss Puderzucker mit Zitronensaft verrühren, den gebackenen, noch heißen Kuchen damit bestreichen, etwas abgekühlt in Stücke schneiden und lauwarm mit geschlagener Sahne servieren.

Erdbeer-Quark-Schnitten

Zubereitungszeit: 50 Min.
Backzeit: etwa 25 Min.

Insgesamt: E: 122 g,
F: 422 g, Kh: 657 g,
kJ: 30165, kcal: 7203

Für den All-in-Teig:
- **200 g Weizenmehl**
- **50 g Speisestärke**
- **1 Pck. Backpulver**
- **250 g Zucker**
- **1 Pck. Vanillin-Zucker**
- **6 Eier (Größe M)**
- **125 g weiche Butter**
  oder Margarine
- **100 g abgezogene,**
  gemahlene Mandeln

- **200 g Zartbitterschoko-**
  lade zum Bestreichen
  des Bodens

Für den Erdbeerbelag:
- **1 kg vorbereitete**
  Erdbeeren
- **500 ml (½ l)**
  Schlagsahne
- **1 Pck. Tortencreme**
  Erdbeer
- **200 ml Wasser**
- **2 EL Amaretto**
- **250 g Magerquark**
- **100 g Schokoladenriegel**
  Erdbeergeschmack
- **Zitronenmelisse-**
  blättchen

1 Für den Teig Mehl, Speisestärke und Backpulver mischen und in eine Rührschüssel sieben. Zucker, Vanillin-Zucker, Eier, Butter oder Margarine dazugeben und mit Handrührgerät mit Rührbesen auf höchster Stufe in etwa 2 Minuten zu einem glatten Teig verarbeiten. Die Mandeln unterrühren.

2 Einen Backrahmen auf ein gefettetes Backblech (30 x 40 cm) stellen, den Teig auf das Blech streichen. Das Backblech in den Backofen schieben.

Ober-/Unterhitze:
etwa 180 °C (vorgeheizt)
Heißluft: etwa 160 °C
(vorgeheizt)
Gas: Stufe 2 – 3
(vorgeheizt)
Backzeit: etwa 25 Minuten.

3 Das Backblech auf einen Kuchenrost stellen, den Kuchen erkalten lassen.

4 Schokolade in einem kleinen Topf im Wasserbad bei schwacher Hitze auflösen, Boden damit bestreichen und fest werden lassen.

5 Für den Erdbeerbelag 750 g Erdbeeren würfeln und 250 g Erdbeeren halbieren. Sahne steif schlagen.

6 Tortencreme Erdbeer-Sahne in eine Rührschüssel geben und mit Wasser und Amaretto mit dem Schneebesen ½ Minute verrühren. Quark unterrühren und die steif geschlagene Sahne unterheben. Zuletzt die gewürfelten Erdbeeren unterheben. Die Masse sofort auf den Boden geben und glatt streichen. 3 Stunden kalt stellen. Die halbierten Erdbeeren dekorativ auf der Creme verteilen.

7 Schokoladenriegel (Zimmertemperatur) der Länge nach halbieren und mit der offenen Schnittkante zu den Erdbeerhälften auf die Schnitten legen, mit Zitronenmelisse garnieren.

Rhabarberkuchen mit Marzipangitter

**Zubereitungszeit: 60 Min.,
ohne Gehzeit
Backzeit: 30–35 Min.**

**Insgesamt: E: 99 g,
F: 137 g, Kh: 754 g,
kJ: 20191, kcal: 4821**

Für den Hefeteig:
- **400 g Weizenmehl
  (Type 550)**
- **1 Pck. Trockenhefe**
- **75 g Zucker**
- **1 Pck. Vanillin-Zucker**
- **1 Prise Salz**
- **200 ml lauwarme Milch**
- **50–75 g zerlassene,
  abgekühlte Butter
  oder Margarine**

Für den Belag:
- **1,2 kg Rhabarber**
- **50 g Zucker**
- **200 g Marzipan-
  Rohmasse**
- **150 g gesiebter
  Puderzucker**
- **1 EL Zitronensaft**
- **1 Eigelb (Größe M)**
- **1 EL Schlagsahne
  oder Milch**

- **Puderzucker zum
  Bestäuben** 🍃

1 Für den Teig Mehl in eine Rührschüssel sieben, mit der Trockenhefe sorgfältig vermischen. Alle übrigen Zutaten hinzufügen. Die Zutaten mit Handrührgerät mit Knethaken zunächst auf niedrigster, dann auf höchster Stufe in etwa 5 Minuten zu einem Teig verarbeiten.

2 Teig zugedeckt so lange an einem warmen Ort stehen lassen, bis er sich sichtbar vergrößert hat (etwa 20 Minuten). Den Teig leicht mit Mehl bestäuben, aus der Schüssel nehmen, auf der Arbeitsfläche nochmals kurz durchkneten.

3 Dreiviertel des Teiges auf einem gefetteten Backblech (30 x 40 cm) ausrollen. Nochmals 20 Minuten gehen lassen.

4 Für den Belag Rhabarber putzen (nicht abziehen), waschen, abtropfen lassen, in 2–3 cm lange Stücke schneiden. Mit dem Zucker vermischen.

5 Marzipan-Rohmasse, Puderzucker und Zitronensaft verkneten. Die Hälfte davon mit einer Reibe über den ausgerollten Teig raspeln. Rhabarber darüber verteilen.

6 Den restlichen Hefeteig dünn ausrollen. Marzipan ebenfalls ausrollen (zwischen zwei Lagen Klarsichtfolie), auf den Hefeteig legen, mit dem Teigroller nochmals darüber rollen, damit beides verbunden ist. Den Teig mit Hilfe eines Gitterrollers zum Gitter rollen. Vorsichtig über den Rhabarber spannen.

7 Eigelb mit Sahne oder Milch verrühren. Das Teiggitter damit bestreichen. Das Backblech in den Backofen schieben.

**Ober-/Unterhitze:
etwa 180 °C (vorgeheizt)
Heißluft: etwa 160 °C
(vorgeheizt)
Gas: Stufe 2–3
(vorgeheizt)
Backzeit: 30–35 Minuten.**

■ Tipp:
Schmeckt am besten frisch. Lässt sich gut einfrieren. Wenn kein Gitterroller vorhanden ist, Teig-Marzipan-Platte mit einem Kuchenrad oder Messer in Streifen rädeln/schneiden und diese einzeln auflegen.

Himbeerschaumkuchen

**Zubereitungszeit: 50 Min., ohne Festwerden
Backzeit: etwa 20 Min.**

Insgesamt: E: 124 g, F: 328 g, Kh: 691 g, kJ: 26692, kcal: 6383

Für den All-in-Teig:
- **150 g Weizenmehl**
- **50 g Speisestärke**
- **1 Pck. Backpulver**
- **175 g Zucker**
- **1 Pck. Vanillin-Zucker**
- **1 Prise Salz**
- **4 Eier (Größe M)**
- **175 g weiche Butter oder Margarine**

Für den Belag:
- **1,5 kg TK-Himbeeren**
- **150 g Zucker**
- **800 ml Himbeersaft-Wasser-Mischung**
- **1 Pck. (2 Beutel) Götterspeise Himbeer-Geschmack**
- **500 ml (½ l) Schlagsahne**

- **1 Pck. Sahnesteif**

1 Für den Teig Mehl, Speisestärke und Backpulver mischen und in eine Rührschüssel sieben. Zucker, Vanillin-Zucker, Salz, Eier und Butter oder Margarine dazugeben und in etwa 2 Minuten mit Handrührgerät mit Rührbesen auf höchster Stufe zu einem glatten Teig verarbeiten.

2 Einen Backrahmen auf ein gefettetes Backblech (30 x 40 cm) stellen, den Teig auf das Blech streichen. Das Backblech in den Backofen schieben.

**Ober-/Unterhitze: etwa 180 ° C (vorgeheizt)
Heißluft: etwa 160 °C (vorgeheizt)
Gas: etwa Stufe 3 (vorgeheizt)
Backzeit: etwa 20 Minuten.**

3 Das Backblech auf einen Kuchenrost stellen, den Kuchen erkalten lassen.

4 Für den Belag Himbeeren mit 75 g Zucker bestreuen und auftauen lassen. Dann auf einem Sieb gut abtropfen lassen, dabei den Saft auffangen und mit Wasser auf 800 ml auffüllen.

5 Die Götterspeise mit dem restlichen Zucker mischen, die abgemessene Flüssigkeit hinzufügen und 5 Minuten zum Quellen stehen lassen. Die Götterspeise unter Rühren erhitzen, bis alles gelöst ist und kalt stellen.

6 Sahne steif schlagen. Wenn die Götterspeise anfängt dicklich zu werden, die Sahne unterheben.

7 Sahnesteif auf den erkalteten Boden streuen, die Himbeeren darauf verteilen. Die Götterspeise-Sahne-Masse darauf verteilen und 3–4 Stunden fest werden lassen. Den Backrahmen vorsichtig mit Hilfe eines Messers lösen und entfernen.

- **Abwandlung:**

Statt der Himbeeren können auch Sauerkirschen aus dem Glas (2 Gläser je 370 g Abtropfgewicht) verwendet werden. Es können auch frische Himbeeren verwendet werden, dann für die Flüssigkeit Himbeersirup verwenden.

- **Tipp:**

Nach Belieben einige schöne Himbeeren zurücklassen und den Kuchen mit Himbeeren und Sahne garnieren und mit Hagelzucker bestreuen. Maximal 1 Tag vor dem Verzehr zubereiten.

Pfirsichschnitten

Zubereitungszeit: 40 Min.
Backzeit: etwa 25 Min.

Insgesamt: E: 79 g,
F: 237 g, Kh: 818 g,
kJ: 24735, kcal: 5912

Für den Rührteig:
- **150 g weiche Butter oder Margarine**
- **150 g Zucker**
- **1 Pck. Vanillin-Zucker**
- **1 Prise Salz**
- **5 Tropfen Zitronen-Aroma**
- **4 Eier (Größe M)**
- **250 g Weizenmehl**
- **3 gestr. TL Backpulver**

Für den Belag:
- **2 Dosen Pfirsiche (Abtropfgewicht je 470 g)**

Für die Streusel:
- **150 g Weizenmehl**
- **75 g Zucker**
- **1 Pck. Vanillin-Zucker**
- **100 g zerlassene Butter**

Für den Guss:
- **100 g Puderzucker**
- **etwa 2 EL Zitronensaft**

1 Für den Teig Butter oder Margarine mit Handrührgerät mit Rührbesen auf höchster Stufe geschmeidig rühren, nach und nach Zucker, Vanillin-Zucker, Salz und Zitronen-Aroma unterrühren, so lange rühren, bis eine gebundene Masse entstanden ist.

2 Eier nach und nach unterrühren (jedes Ei etwa ½ Minute). Mehl mit Backpulver mischen, sieben, in 2 Portionen auf mittlerer Stufe unterrühren.

3 Den Teig auf ein gefettetes Backblech (30 x 40 cm) geben, glatt streichen.

4 Für den Belag Pfirsiche abtropfen lassen, in Scheiben schneiden, auf den Teig legen.

5 Für die Streusel Mehl in eine Schüssel sieben, mit Zucker und Vanillin-Zucker mischen. Butter hinzufügen. Die Zutaten Handrührgerät mit Knethaken zu Streuseln von gewünschter Größe verarbeiten. Auf den Pfirsichen verteilen, das Backblech in den Backofen schieben.

Ober-/Unterhitze:
etwa 180 °C (vorgeheizt)
Heißluft: etwa 160 °C
(vorgeheizt)
Gas: Stufe 2–3
(vorgeheizt)
Backzeit: etwa 25 Minuten.

6 Für den Guss Puderzucker sieben, mit so viel Zitronensaft glatt rühren, dass eine dickflüssige Masse entsteht. Sofort nach dem Backen den Guss mit einem Pinsel oder Teelöffel auf dem Gebäck verteilen.

7 Das erkaltete Gebäck in Schnitten von beliebiger Größe schneiden.

Schoko-Birnen-Kuchen mit Schmand

Zubereitungszeit: 40 Min.
Backzeit: etwa 25 Min.

Insgesamt: E: 87 g,
F: 532 g, Kh: 656 g,
kJ: 33478, kcal: 8003

Für den All-in-Teig:
- **150 g Weizenmehl**
- **50 g Speisestärke**
- **15 g Kakaopulver**
- **4 gestr. TL Backpulver**
- **200 g Zucker**
- **1 Pck. Vanillin-Zucker**
- **1 Prise Salz**
- **4 Eier (Größe M)**
- **200 g weiche Butter oder Margarine**
- **100 g Schokoladen-Raspel**

- **2 Dosen Birnen (Abtropfgewicht je 460 g)**

Für den Belag:
- **400–500 ml Schlagsahne**
- **30 g gesiebter Puderzucker**
- **2 Pck. Vanillin-Zucker**
- **4 Pck. Sahnesteif**
- **600 g Schmand**
- **50 ml Birnensaft**

Zum Verzieren und Garnieren:
- **Puderzucker**
- **Kakaopulver**
- **Schokoladenornamente**

1 Für den Teig Mehl, Speisestärke, Kakao und Backpulver mischen und in eine Rührschüssel sieben. Zucker, Vanillin-Zucker, Salz, Eier und Butter oder Margarine dazugeben und in 2 Minuten mit Handrührgerät mit Rührbesen auf höchster Stufe zu einem glatten Teig verarbeiten.

2 Die Schokoladen-Raspel unterrühren. Einen Backrahmen auf ein gefettetes Backblech (30 x 40 cm) stellen, den Teig auf das Blech streichen.

3 Die Birnen auf einem Sieb abtropfen lassen, dabei den Saft auffangen und 50 ml für den Belag abmessen. Die Birnen in feine Spalten schneiden und auf dem Teig verteilen. Das Backblech in den Backofen schieben.

Ober-/Unterhitze:
etwa 180 °C (vorgeheizt)
Heißluft: etwa 160 °C (vorgeheizt)
Gas: Stufe 2–3 (vorgeheizt)
Backzeit: etwa 25 Minuten.

4 Das Backblech auf einen Kuchenrost stellen, den Boden erkalten lassen.

5 Für den Belag Sahne 1 Minute anschlagen. Puderzucker mit Vanillin-Zucker und Sahnesteif mischen, hinzufügen und die Sahne vollkommen steif schlagen.

6 Schmand mit Birnensaft verrühren, Sahne unterheben und auf dem Boden verteilen. Den Belag mit Hilfe eines Löffels verzieren. Den Backrahmen vorsichtig mit Hilfe eines Messers lösen und entfernen.

7 Puderzucker und Kakao mischen, auf den Kuchen sieben und mit den Schokoladenornamenten garnieren. Kuchen in Stücke schneiden.

■ Tipp:

Ohne Puderzucker und Kakaopulver ist der Kuchen gefriergeeignet. Maximal 1 Tag vor dem Verzehr zubereiten. Statt Birnen eignen sich auch Aprikosen und Aprikosensaft.

Mandarinen-Schmand-Kuchen

Zubereitungszeit: 40 Min.
Backzeit: etwa 40 Min.

Insgesamt: E: 110 g,
F: 325 g, Kh: 893 g,
kJ: 30074, kcal: 7181

Für den Quark-Öl-Teig:
- **300 g Weizenmehl**
- **1 Pck. Backpulver**
- **150 g Magerquark**
- **100 ml Milch**
- **100 ml Speiseöl**
- **75 g Zucker**
- **1 Pck. Vanillin-Zucker**
- **1 Prise Salz**

Für den Belag:
- **2 Pck. Pudding-Pulver Vanille-Geschmack**
- **100 g Zucker**
- **750 ml (¾ l) Milch**
- **500 g Schmand**
- **4 Dosen Mandarinen (Abtropfgewicht je 175 g)**
- **75 g gestiftete Mandeln**

Für den Guss:
- **200 g Puderzucker**
- **2 EL Zitronensaft**

1 Für den Teig Mehl mit Backpulver mischen und in eine Rührschüssel sieben. Quark, Milch, Öl, Zucker, Vanillin-Zucker und Salz hinzufügen. Die Zutaten mit Handrührgerät mit Knethaken auf höchster Stufe in etwa 1 Minute zu einem Teig verarbeiten (nicht zu lange, der Teig klebt sonst).

2 Teig anschließend auf der leicht bemehlten Arbeitsfläche zu einer Rolle formen. Den Teig auf einem gefetteten Backblech (30 x 40 cm) ausrollen. Einen Backrahmen darumstellen.

3 Für den Belag aus Pudding-Pulver, Zucker und Milch nach Packungsanleitung – aber mit den hier angegebenen Zutaten – einen Pudding kochen. Schmand unterheben und die Masse auf den Teig streichen.

4 Mandarinen auf einem Sieb gut abtropfen lassen und auf der Pudding-Schmand-Masse verteilen. Mandeln darüber streuen. Das Backblech in den Backofen schieben.

Ober-/Unterhitze:
etwa 180 °C (vorgeheizt)
Heißluft: etwa 160 °C
(nicht vorgeheizt)
Gas: Stufe 2–3 (vorgeheizt)
Backzeit: etwa 40 Minuten.

5 Das Backblech auf einen Kuchenrost stellen, den Kuchen erkalten lassen. Den Backrahmen vorsichtig mit Hilfe eines Messers lösen und entfernen.

6 Für den Guss Puderzucker sieben und mit so viel Zitronensaft anrühren, dass ein dickflüssiger Guss entsteht. Mit Hilfe eines Teelöffels über den Kuchen sprenkeln.

■ Tipp:
Nach Belieben 4 Esslöffel Aprikosenkonfitüre durch ein Sieb streichen, mit 2 Esslöffeln Wasser in einem kleinen Topf etwas einkochen lassen und den noch warmen Kuchen damit bestreichen. Dann die Mandeln nicht mitbacken, sondern in einer Pfanne ohne Fett anbräunen und zum Schluss auf dem Kuchen verteilen oder aus dem Mandarinensaft und Tortenguss einen Guss zubereiten und auf dem erkalteten Kuchen verteilen.

Fruchtiges vom Blech

FÜR KINDER

Saftige Schnitten mit Pfirsichschmand

Zubereitungszeit: 35 Min, ohne Kühlzeit
Backzeit: etwa 20 Min.

Insgesamt: E: 89 g, F: 443 g, Kh: 740 g, kJ: 31565, kcal: 7545

Für den Schüttelteig:
- **250 g Weizenmehl**
- **3 gestr. TL Backpulver**
- **250 g Zucker**
- **1 Pck. Vanillin-Zucker**
- **4 Eier (Größe M)**
- **125 ml (⅛ l) Speiseöl**
- **150 ml Mineralwasser**

Für den Belag:
- **2 Dosen Pfirsichhälften (Abtropfgewicht je 500 g)**
- **600 ml Schlagsahne**
- **3 Pck. Sahnesteif**
- **5 Pck. Vanillin-Zucker**
- **500 g Schmand**

Zum Bestreuen:
- **2 EL Zucker**
- **½ TL gemahlener Zimt**

1 Für den Teig Mehl mit Backpulver mischen, in eine verschließbare Schüssel (3-Liter-Inhalt) sieben, mit Zucker und Vanillin-Zucker mischen. Eier, Speiseöl und Mineralwasser hinzufügen, Schüssel mit dem Deckel fest verschließen.

2 Mehrmals (insgesamt 15–30 Sekunden) kräftig schütteln, so dass alle Zutaten gut vermischt sind. Alles mit einem Schneebesen oder Rührlöffel nochmals sorgfältig durchrühren, damit vor allem trockene Zutaten vom Rand mit untergerührt werden.

3 Den Teig auf ein Backblech (30 x 40 cm, gefettet) streichen. Das Backblech in den Backofen schieben.

Ober-/Unterhitze: etwa 180 °C (vorgeheizt) Heißluft: etwa 160 °C (vorgeheizt) Gas: Stufe 2–3 (vorgeheizt) Backzeit: etwa 20 Minuten.

4 Den Kuchen auf dem Backblech auf einem Kuchenrost erkalten lassen, evtl. einen Backrahmen darumstellen.

5 Für den Belag Pfirsichhälften in einem Sieb abtropfen lassen und in kleine Stücke schneiden. Sahne mit Sahnesteif und 3 Päckchen Vanillin-Zucker steif schlagen.

6 Schmand mit dem restlichen Vanillin-Zucker verrühren. Pfirsichstückchen hinzugeben. Die Sahne locker unterheben. Die Schmand-Sahne-Masse gleichmäßig auf den Kuchen streichen und mit Zimt-Zucker bestreuen.

- **Tipp:**
Anstelle der Pfirsiche 2 Dosen Mandarinen (je 175 g) verwenden. Der Schmand kann auch durch Crème fraîche ersetzt werden. Evtl. einen Backrahmen um den Kuchen stellen. Einen Teil der Pfirsichhälften in Spalten schneiden und auf den Kuchen legen.

Käsekuchen-Hawaii-Schnitten

Zubereitungszeit: 60 Min.,
ohne Abkühlzeit
Backzeit: etwa 62 Min.

Insgesamt: E: 205 g,
F: 311 g, Kh: 805 g,
kJ: 29744, kcal: 7105

Für den Knetteig:
- **250 g Weizenmehl**
- **60 g Zucker**
- **1 Pck. Vanillin-Zucker**
- **150 g Butter**
  oder Margarine

Für den Belag:
- **2 kleine Dosen**
  Ananasscheiben
  (Abtropfgewicht
  je 340 g)
- **1 kg Magerquark**
- **250 g Zucker**
- **1 Pck. Käsekuchen-Hilfe**
- **1 Pck. Saucen-Pulver,**
  zum Kochen
- **1 Pck. Finesse Gerie-**
  bene Zitronenschale
- **1 Pck. Bourbon-Vanille-**
  Aroma
- **4 Eier (Größe M)**
- **500 ml (½ l) Schlagsahne**

Für den Guss:
- **2 Pck. Tortenguss, klar**
- **25 g Zucker**
- **500 ml (½ l) Ananassaft**

1 Für den Teig Mehl in eine Rührschüssel sieben. Zucker, Vanillin-Zucker und Butter oder Margarine

hinzufügen. Die Zutaten mit Handrührgerät mit Knethaken zunächst kurz auf niedrigster, dann auf höchster Stufe gut durcharbeiten.

2 Anschließend auf einer bemehlten Arbeitsfläche zu einem glatten Teig verkneten. Sollte er kleben, ihn in Folie gewickelt eine Zeit lang kalt stellen.

3 Den Teig auf einem Backblech (30 x 40 cm, gefettet) ausrollen. Teigboden mehrmals mit einer Gabel einstechen. Backblech in den Backofen schieben, Boden vorbacken.

Ober-/Unterhitze:
etwa 180 °C (vorgeheizt)
Heißluft: etwa 160 °C
(vorgeheizt)
Gas: Stufe 2–3 (vorgeheizt)
Backzeit: etwa 12 Minuten.

4 Das Backblech auf einen Kuchenrost stellen. Den Boden etwas abkühlen lassen. Einen Backrahmen darumstellen.

5 Für den Belag Ananasscheiben in einem Sieb abtropfen lassen. Den Saft dabei auffangen und 500 ml (½ l) davon abmessen, evtl. mit Wasser auffüllen.

6 Quark, Zucker, Käsekuchen-Hilfe, Saucen-Pulver, Zitronenschale, Vanille-Aroma und Eier in eine Rührschüssel geben. Die Zutaten mit dem Schneebesen gut verrühren. Sahne steif schlagen und unterheben. Die Masse auf den vorgebackenen Boden streichen. Ananasscheiben auf der Quark-Sahne-Masse verteilen.

7 Das Backblech wieder in den Backofen schieben und den Kuchen fertig backen.

Ober-/Unterhitze:
etwa 180 °C (vorgeheizt)
Heißluft: etwa 160 °C
(nicht vorgeheizt)
Gas: Stufe 2–3
(nicht vorgeheizt)
Backzeit: etwa 50 Minuten.

8 Das Backblech auf einen Kuchenrost stellen. Den Kuchen erkalten lassen.

9 Für den Guss aus Tortengusspulver, Zucker und Ananassaft nach Packungsanleitung einen Guss zubereiten und auf dem Kuchen verteilen. Guss fest werden lassen.

10 Den Backrahmen vorsichtig mit einem Messer lösen und entfernen.

Apfel-Blüten-Kuchen

Zubereitungszeit: 60 Min., ohne Auftau- und Kühlzeit
Backzeit: 30–35 Min.

Insgesamt: E: 71 g, F: 273 g, Kh: 480 g, kJ: 20135, kcal: 4810

Zum Vorbereiten:
- **450 g (6 Platten) TK-Blätterteig**

Für den Knetteig:
- **150 g Weizenmehl**
- **100 g abgezogene, gemahlene Mandeln**
- **½ TL gemahlener Zimt**
- **100 g Zucker**
- **1 Prise Salz**
- **100 g Butter oder Margarine**
- **1–2 EL kalte Milch**

Für den Belag:
- **4 mittelgroße, säuerliche Äpfel**
- **2 EL Zitronensaft**
- **1 Eigelb (Größe M)**
- **2 EL Milch**
- **1 Eiweiß**
- **1 EL Wasser**
- **100 g Apfelgelee**

Zum Garnieren:
- **½ Glas (etwa 200 g) Johannisbeergelee**

1 Zum Vorbereiten Blätterteigplatten nebeneinander zugedeckt bei Zimmertemperatur auftauen lassen.

2 Für den Knetteig Mehl in eine Rührschüssel sieben. Mandeln, Zimt, Zucker, Salz, Butter oder Margarine und Milch hinzufügen. Die Zutaten mit Handrührgerät mit Knethaken zunächst kurz auf niedrigster, dann auf höchster Stufe gut durcharbeiten.

3 Anschließend auf einer bemehlten Arbeitsfläche zu einem glatten Teig verkneten. Sollte er kleben, ihn in Folie gewickelt 1 Stunde kalt stellen.

4 Den Teig auf einem Backblech (30 x 40 cm, gefettet, mit Backpapier belegt) ausrollen. Den Teigboden mehrmals mit einer Gabel einstechen.

5 Für den Belag Äpfel schälen, vierteln, entkernen und waagerecht in dünne Scheiben schneiden. Apfelscheiben mit Zitronensaft beträufeln. Eigelb und Milch verschlagen.

6 Jeweils 3 Blätterteigplatten wieder aufeinander legen und auf der bemehlten Arbeitsfläche zu je einem Rechteck (etwa 20 x 30 cm) ausrollen. Blätterteigrechtecke etwa 5 Minuten ruhen lassen. Aus jedem Rechteck 6 Quadrate (je etwa 10 x 10 cm) schneiden. Blätterteigquadrate mit der Eigelbmilch bestreichen.

7 Eiweiß und Wasser verschlagen und auf den Knetteigboden streichen. Die Blätterteigquadrate darauf legen. Apfelscheiben kreisförmig auf je einem Quadrat verteilen. Das Backblech in den Backofen schieben.

Ober-/Unterhitze: etwa 200 °C (vorgeheizt)
Heißluft: etwa 180 °C (vorgeheizt)
Gas: Stufe 3–4 (vorgeheizt)
Backzeit: 30–35 Minuten.

8 Das Backblech auf einen Kuchenrost stellen. Den Kuchen etwas abkühlen lassen.

9 Gelee in einem kleinen Topf zum Kochen bringen. Die Apfelscheiben damit bestreichen. Den Kuchen erkalten lassen.

10 Zum Garnieren je einen kleinen Teelöffel Johannisbeergelee auf je eine Blüte geben.

Schoko-Kokos-Bienenstich

**Zubereitungszeit: 70 Min.,
ohne Abkühlzeit
Backzeit: etwa 30 Min.**

**Insgesamt: E: 113 g,
F: 803 g, Kh: 750 g,
kJ: 46258, kcal: 11055**

Für den Rührteig:
- ■ **250 g weiche Butter
  oder Margarine**
- ■ **150 g Zucker**
- ■ **2 Pck. Vanillin-Zucker**
- ■ **4 Eigelb (Größe M)**
- ■ **200 g Weizenmehl**
- ■ **2 gestr. TL Backpulver**
- ■ **125 g hellbraun geröstete Kokosraspel**
- ■ **4 EL Amaretto-Likör**
- ■ **4 Eiweiß (Größe M)**
- ■ **200 g Raspelschoko-
  lade, Zartbitter**

Für den Belag:
- ■ **100 ml Schlagsahne**
- ■ **100 g Butter**
- ■ **70 g flüssiger Honig**
- ■ **2 EL Zucker**
- ■ **200 g hellbraun geröstete, grobe Kokosraspel**

Für die Füllung:
- ■ **1 Dose Aprikosen-
  hälften (Abtropfgewicht
  480 ml)**
- ■ **4 reife Bananen**
- ■ **2 EL Zitronensaft**
- ■ **600 ml Schlagsahne**
- ■ **3 Pck. Sahnesteif**
- ■ **2 Pck. Vanillin-Zucker**

1 Für den Teig Butter oder Margarine mit Hand-rührgerät mit Rührbesen auf höchster Stufe geschmeidig rühren. Nach und nach Zucker und Vanillin-Zucker unterrühren. So lange rühren, bis eine gebundene Masse entstanden ist.

2 Eigelb nach und nach unterrühren (jedes Eigelb knapp ½ Minute). Mehl mit Backpulver mischen, sieben, abwechselnd portionsweise mit Kokosraspeln und Likör auf mittlerer Stufe unterrühren.

3 Eiweiß steif schlagen, mit der Raspelschoko-lade vorsichtig unterheben. Den Teig in eine Fettfang-schale (30 x 40 cm, gefettet) geben und glatt streichen. Die Fettfangschale in den Backofen schieben und den Boden vorbacken.

**Ober-/Unterhitze:
etwa 200 °C (vorgeheizt)
Heißluft: etwa 180 °C
(vorgeheizt)
Gas: Stufe 3–4 (vorgeheizt)
Backzeit: etwa 20 Minuten.**

4 Die Fettfangschale auf einen Kuchenrost stel-len. Den Boden etwas abküh-len lassen.

5 Für den Belag Sahne, Butter, Honig und

Zucker in einem Topf unter Rühren aufkochen. Kokos-raspel unterrühren. Die Masse als Häufchen auf den vorgebackenen Kuchen geben und vorsichtig glatt streichen. Die Fettfangschale in den Backofen schieben und den Kuchen **bei gleicher Einstel-lung in etwa 10 Minuten fertig backen.**

6 Die Fettfangschale auf einen Kuchenrost stel-len. Den Gebäckboden erkal-ten lassen.

7 Für die Füllung Apriko-senhälften in einem Sieb gut abtropfen lassen. Bana-nen schälen, waagerecht hal-bieren und mit Zitronensaft beträufeln.

8 Gebäckboden vierteln und vorsichtig vom Blech lösen. Jede Gebäckplat-te einmal waagerecht durch-schneiden. 4 der Gebäckstü-cke (oberen Boden) in jeweils 6 Rechtecke schneiden.

9 Sahne mit Sahnesteif und Vanillin-Zucker steif schlagen. 4 Gebäckstücke (unteren Boden) mit etwas von der Sahne bestreichen, mit Aprikosen- und Bana-nenhälften belegen. Restliche Sahne darauf streichen. Die oberen Gebäckstücke darauf legen, etwas andrücken.

38 Fruchtiges vom Blech   **DAUERT LÄNGER – MIT ALKOHOL**

Kirschkuchen, gedeckt

Zubereitungszeit: 75 Min., ohne Teiggeh- und Abkühlzeit
Backzeit: etwa 25 Min.

Insgesamt: E: 72 g, F: 224 g, Kh: 623 g, kJ: 20387, kcal: 4878

Für den Hefeteig:
- 200 g Weizenmehl
- 1 Pck. Trockenhefe
- 25 g Zucker
- 1 Pck. Vanillin-Zucker
- 1 Eigelb (Größe M)
- 1 Becher (150 g) Crème fraîche

Für den Knetteig:
- 100 g Weizenmehl
- 1 gestr. TL Backpulver
- 25 g Zucker
- 50 g Butter oder Margarine
- evtl. 1 EL Wasser

Für die Füllung:
- 1 kg frische Süßkirschen
- 125 ml (⅛ l) Wasser
- 50 g Speisestärke
- 100 g Zucker
- 4 EL Wasser
- 2 EL Kirschwasser
- 2 EL Semmelbrösel

Für den Belag:
- 75 g Butter
- 50 g Zucker
- 1 Pck. Vanillin-Zucker
- 100 g abgezogene, gestiftelte Mandeln

1 Für den Hefeteig Mehl in eine Rührschüssel sieben, mit Trockenhefe sorgfältig vermischen. Zucker, Vanillin-Zucker, Eigelb und Crème fraîche hinzufügen. Die Zutaten mit Handrührgerät mit Knethaken zunächst kurz auf niedrigster, dann auf höchster Stufe in etwa 5 Minuten zu einem Teig verarbeiten. Den Teig zugedeckt so lange an einem warmen Ort stehen lassen, bis er sich sichtbar vergrößert hat.

2 Für den Knetteig Mehl mit Backpulver mischen, in eine Rührschüssel sieben. Restliche Zutaten hinzufügen und mit Handrührgerät mit Knethaken zunächst kurz auf niedrigster, dann auf höchster Stufe gut durcharbeiten. Den Hefe- und Knetteig auf einer bemehlten Arbeitsfläche gut miteinander verkneten, dann den Zwillingsteig halbieren. Eine Teighälfte auf einem Backblech (30 x 40 cm, gefettet) ausrollen.

3 Für die Füllung Kirschen waschen, abtropfen lassen, entsteinen, halbieren. Kirschen mit Wasser zugedeckt in einem Topf etwa 5 Minuten dünsten. Speisestärke mit Zucker mischen, mit Wasser anrühren und unter die Kirschen rühren. Kirschmasse unter Rühren gut aufkochen lassen, Kirschwasser unterrühren. Die Kirschmasse etwas abkühlen lassen. Semmelbrösel auf den Teig streuen, die Kirschmasse darauf verteilen.

4 Restlichen Zwillingsteig auf einer bemehlten Arbeitsfläche zu einer rechteckigen Platte in Größe des Backblechs ausrollen. Teigplatte über eine Teigrolle aufwickeln und auf der Kirschmasse wieder abrollen. Teigränder gut zusammendrücken.

5 Für den Belag Butter zerlassen. Zucker, Vanillin-Zucker und Mandeln unterrühren. Unter Rühren erhitzen, bis eine einheitliche Masse entstanden ist. Die Masse mit einem Esslöffel auf dem Teig verteilen. Das Backblech in den Backofen schieben.

Ober-/Unterhitze: etwa 200 °C (vorgeheizt)
Heißluft: etwa 180 °C (vorgeheizt)
Gas: Stufe 3–4 (vorgeheizt)
Backzeit: etwa 25 Minuten.

6 Das Backblech auf einen Kuchenrost stellen, Kuchen erkalten lassen.

Rhabarber-Pfirsich-Kuchen

**Zubereitungszeit: 65 Min.,
ohne Teiggehzeit
Backzeit: etwa 35 Min.**

**Insgesamt: E: 95 g,
F: 241 g, Kh: 673 g, kJ:
22033, kcal: 5257**

Für den Hefeteig:
- 375 g Weizenmehl
- 1 Pck. Trockenhefe
- 50 g Zucker
- 1 Pck. Vanillin-Zucker
- 1 Prise Salz
- 1 Ei (Größe M)
- 125 ml (⅛ l) lauwarme Milch
- 75 g zerlassene, abgekühlte Butter oder Margarine

Für den Streuselteig:
- 150 g Weizenmehl
- 100 g Haferflocken
- 100 g Zucker
- etwas gemahlener Zimt
- 1 Prise Salz
- 175 g Butter oder Margarine

Für den Belag:
- 4 reife Pfirsiche (etwa 700 g)
- 1 kg Rhabarber

1 Für den Hefeteig Mehl in eine Rührschüssel sieben, mit Trockenhefe sorgfältig vermischen. Zucker, Vanillin-Zucker, Salz, Ei, Milch und Butter oder Margarine hinzufügen. Die Zutaten mit Handrührgerät mit Knethaken zunächst kurz auf niedrigster, dann auf höchster Stufe in etwa 5 Minuten zu einem Teig verarbeiten. Den Teig zugedeckt so lange an einem warmen Ort stehen lassen, bis er sich sichtbar vergrößert hat.

2 Für den Streuselteig Mehl in eine Rührschüssel sieben, mit Haferflocken, Zucker, Zimt und Salz mischen, Butter oder Margarine hinzufügen. Die Zutaten mit Handrührgerät mit Knethaken zu Streuseln von gewünschter Größe verarbeiten. Streuselteig beiseite stellen.

3 Für den Belag Pfirsiche in kochendes Wasser legen (nicht kochen lassen), kurz in kaltem Wasser abschrecken. Pfirsiche enthäuten, halbieren, entsteinen. Das Fruchtfleisch in Spalten schneiden. Rhabarber waschen, abtropfen lassen, Stielenden und Blattansätze entfernen. Stangen in etwa 2 cm lange Stücke schneiden.

4 Den Hefeteig leicht mit Mehl bestäuben, aus der Schüssel nehmen und auf einer bemehlten Arbeitsfläche nochmals kurz durchkneten. Den Hefeteig auf einem Backblech (30 x 40 cm, gefettet) ausrollen. Einen Backrahmen darumstellen. Pfirsichspalten und Rhabarberstückchen gleichmäßig auf dem Teig verteilen. Die beiseite gestellten Streusel darauf streuen. Den Teig zugedeckt nochmals so lange an einem warmen Ort gehen lassen, bis er sich sichtbar vergrößert hat. Das Backblech in den Backofen schieben.

**Ober-/Unterhitze:
etwa 180 °C (vorgeheizt)
Heißluft: etwa 160 °C
(nicht vorgeheizt)
Gas: Stufe 2–3
(nicht vorgeheizt)
Backzeit: etwa 35 Minuten.**

5 Das Backblech auf einen Kuchenrost stellen. Den Kuchen erkalten lassen. Backrahmen lösen und entfernen.

Tipp:
Schneller geht es mit 1 Dose Pfirsichhälften (Abtropfgewicht 500 g). Dann Pfirsichhälften in einem Sieb gut abtropfen lassen.

Zwetschen-Marzipan-Schnitten

Zubereitungszeit: 60 Min.,
ohne Auftau- und
Abkühlzeit
Backzeit: etwa 35 Min.

Insgesamt: E: 72 g,
F: 222 g, Kh: 376 g,
kJ: 15972, kcal: 3819

Für den Teig:
- **1 Pck. (450 g)**
  TK-Blätterteig

Für die Krokantmasse:
- **30 g gesiebter**
  Puderzucker
- **10 g Butter**
- **50 g abgezogene,**
  gehobelte Mandeln

Für den Belag:
- **750 g Zwetschen**

Für die Creme:
- **200 g Marzipan-**
  Rohmasse
- **1 Eiweiß (Größe M)**
- **2 EL Kirschkonfitüre**

Zum Bestreichen:
- **1 Eigelb**
- **1 EL Milch**

1 Für den Teig Blätterteig-platten nebeneinander zugedeckt bei Zimmertemperatur auftauen lassen.

2 Für die Krokantmasse Puderzucker in einem kleinen Topf goldgelb karamellisieren lassen. Butter und Mandeln unterrühren. Die Masse auf einem mit Speiseöl bestrichenen Stück Alufolie gleichmäßig verteilen und erkalten lassen. Krokantmasse in kleine Stücke brechen.

3 Für den Belag Zwetschen waschen, gut abtropfen lassen, halbieren und entsteinen. Zwetschenhälften in Spalten schneiden.

4 Für die Creme Marzipan-Rohmasse in kleine Stücke schneiden, mit Eiweiß und Konfitüre zu einer glatten Creme verrühren (evtl. mit dem Pürierstab pürieren).

5 Teigplatten aufeinander legen und auf einer bemehlten Arbeitsfläche zu einem Rechteck (etwa 35 x 40 cm) ausrollen. Das Teigrechteck auf ein Backblech (mit Backpapier belegt) legen. Marzipancreme darauf verteilen, dabei auf jeder Seite etwa 5 cm frei lassen. Zwetschenspalten auf die Marzipancreme legen. Freie Teigstreifen zur Mitte klappen.

6 Zum Bestreichen Eigelb mit Milch verschlagen, die umgeklappten Teigstreifen damit bestreichen. Mit Mandelkrokant bestreuen. Das Backblech in den Backofen schieben.

Ober-/Unterhitze:
etwa 200 °C (vorgeheizt)
Heißluft: etwa 180 °C
(nicht vorgeheizt)
Gas: Stufe 3–4
(nicht vorgeheizt)
Backzeit: etwa 35 Minuten.

7 Das Backblech auf einen Kuchenrost stellen. Kuchen erkalten lassen.

Tipp:
Früchte mit heißer Sauerkirsch-konfitüre bestreichen und erkalten lassen. Zwetschen-Marzipan-Schnitten am gleichen Tag verzehren, da Blätterteig über Nacht leicht „gummiartig" wird. Mit Zimt-Sahne servieren. Statt Zwetschen können auch gewaschene, gut abgetropfte, entsteinte Sauerkirschen verwendet werden.

Erdbeer-Käse-Kuchen

**Zubereitungszeit: 70 Min.,
ohne Abkühlzeit
Backzeit: etwa 45 Min.**

**Insgesamt: E: 165 g,
F: 481 g, Kh: 865 g,
kJ: 35661, kcal: 8512**

Für den Knetteig:
- **300 g Weizenmehl**
- **1½ gestr. TL Backpulver**
- **150 g Zucker**
- **1 Pck. Vanillin-Zucker**
- **1 Prise Salz**
- **200 g Butter oder
  Margarine**

Für den Käsebelag:
- **250 g weiche Butter
  oder Margarine**
- **250 g Zucker**
- **4 Eier (Größe M)**
- **200 g Doppelrahm-
  Frischkäse**
- **500 g Magerquark**
- **1 Pck. Pudding-Pulver
  Vanille-Geschmack**
- **Saft von 1 Zitrone**
- **1 Pck. Finesse
  Geriebene
  Zitronenschale**

Für den Erdbeerbelag:
- **etwa 1½ kg frische
  Erdbeeren**
- **2 Pck. Tortenguss, rot**
- **50 g Zucker**
- **500 ml (½ l) Flüssigkeit
  (halb Wasser, halb
  Apfelsaft)**

1 Für den Teig Mehl mit Backpulver mischen und in eine Rührschüssel sieben. Zucker, Vanillin-Zucker, Salz und Butter oder Margarine hinzufügen. Die Zutaten mit Handrührgerät mit Knethaken zunächst kurz auf niedrigster, dann auf höchster Stufe gut durcharbeiten.

2 Anschließend auf einer bemehlten Arbeitsfläche zu einem glatten Teig verkneten. Sollte er kleben, ihn in Folie gewickelt eine Zeit lang kalt stellen. Den Teig auf einem Backblech (30 x 40 cm, gefettet) ausrollen. Einen Backrahmen darumstellen.

3 Für den Belag Butter oder Margarine mit Handrührgerät mit Rührbesen geschmeidig rühren. Zucker nach und nach unterrühren. So lange rühren, bis eine gebundene Masse entstanden ist.

4 Eier nach und nach unterrühren (jedes Ei etwa ½ Minute). Frischkäse, Quark, Pudding-Pulver, Zitronensaft und -schale hinzufügen. Die Zutaten zu einer glatten Masse verrühren.

5 Die Quarkmasse auf dem Teig verteilen. Das Backblech in den Backofen schieben.

**Ober-/Unterhitze:
etwa 180 °C (vorgeheizt)
Heißluft: etwa 160 °C
(nicht vorgeheizt)
Gas: Stufe 2–3
(nicht vorgeheizt)
Backzeit: etwa 45 Minuten.**

6 Das Backblech auf einen Kuchenrost stellen. Kuchen erkalten lassen.

7 Für den Belag Erdbeeren waschen, gut abtropfen lassen, entstielen und halbieren. Erdbeerhälften auf den Gebäckboden legen. Aus Tortengusspulver, Zucker, Wasser und Apfelsaft nach Packungsanleitung einen Guss zubereiten und auf den Erdbeerhälften verteilen. Guss fest werden lassen.

8 Den Backrahmen vorsichtig lösen und entfernen. Den Kuchen in Stücke schneiden.

46 Fruchtiges vom Blech   **RAFFINIERT**

Möhren-Orangen-Kuchen

Zubereitungszeit: 80 Min., ohne Abkühlzeit
Backzeit: etwa 30 Min.

Insgesamt: E: 146 g, F: 429 g, Kh: 796 g, kJ: 32503, kcal: 7755

Zum Vorbereiten:
- **375 g Möhren**

Für den Biskuitteig:
- **6 Eier (Größe M)**
- **300 g Zucker**
- **2 Pck. Vanillin-Zucker**
- **1 Prise Salz**
- **4 EL Rum**
- **90 g Weizenmehl**
- **3 gestr. TL Backpulver**
- **300 g nicht abgezogene, gemahlene Mandeln**

Für den Belag:
- **4 Blatt weiße Gelatine**
- **2 Pck. Pudding-Pulver Vanille-Geschmack**
- **150 g Zucker**
- **750 ml (¾ l) Orangensaft**
- **1 Becher (250 g) Schmand (Sauerrahm)**
- **1 Pck. Finesse Orangenfrucht**
- **500 ml (½ l) Schlagsahne**

Zum Garnieren und Besprenkeln:
- **2 Dosen Mandarinen (Abtropfgewicht je 175 g)**
- **30 g aufgelöste Zartbitterschokolade**

1 Zum Vorbereiten Möhren putzen, schälen, waschen, abtropfen lassen und auf einer Haushaltsreibe fein raspeln.

2 Für den Teig Eier mit Zucker, Vanillin-Zucker und Salz in eine Rührschüssel geben. Die Zutaten mit Handrührgerät mit Rührbesen auf höchster Stufe in etwa 5 Minuten schaumig rühren. Rum unterrühren.

3 Mehl mit Backpulver mischen, sieben, mit der Hälfte der Mandeln auf niedrigster Stufe unterrühren. Restliche Mandeln und Möhrenraspel vorsichtig unterheben.

4 Den Teig auf ein Backblech (30 x 40 cm, gefettet) geben und glatt streichen. Das Backblech in den Backofen schieben.

Ober-/Unterhitze:
etwa 180 °C (vorgeheizt)
Heißluft: etwa 160 °C (vorgeheizt)
Gas: Stufe 2–3 (vorgeheizt)
Backzeit: etwa 30 Minuten.

5 Das Backblech auf einen Kuchenrost stellen. Den Biskuitboden erkalten lassen.

6 Für den Belag Gelatine in kaltem Wasser nach Packungsanleitung einweichen. Einen Pudding aus Pudding-Pulver, Zucker und Orangensaft – aber nur mit 750 ml (¾ l) Orangensaft – nach Packungsanleitung zubereiten. Den Pudding in eine Schüssel geben, ausgedrückte Gelatine unterrühren, bis sie völlig gelöst ist. Pudding sofort mit Klarsichtfolie zudecken und erkalten lassen.

7 Schmand und Orangenfrucht unter den erkalteten Pudding rühren. Sahne steif schlagen und unterheben. Die Creme auf den Biskuitboden geben und glatt streichen. Mit einer Gabel oder einem Tortengarnierkamm ein Muster in die Oberfläche ziehen.

8 Zum Garnieren und Besprenkeln Mandarinen in einem Sieb gut abtropfen lassen und dekorativ auf der Creme verteilen. Aufgelöste Schokolade in einen kleinen Gefrierbeutel geben und eine kleine Ecke abschneiden. Den Kuchen mit der Schokolade besprenkeln. Schokolade fest werden lassen.

Früchte-Quark-Kuchen

Zubereitungszeit: 40 Min.,
ohne Abkühlzeit
Backzeit: 60–65 Min.

Insgesamt: E: 234 g,
F: 377 g, Kh: 806 g,
kJ: 32015, kcal: 7647

Für den Rührteig:
- 200 g weiche Butter
  oder Margarine
- 150 g Zucker
- 1 Pck. Vanillin-Zucker
- 3 Eier (Größe M)
- 300 g Weizenmehl
- 2½ gestr. TL Backpulver

Für den Belag:
- 1–1¼ kg gedünstetes
  Obst, z.B. Stachel-
  beeren, Sauerkirschen,
  Aprikosenhälften
- 125 g Butter
- 175 g Zucker
- 1 Pck. Vanillin-Zucker
- 4 Eigelb (Größe M)
- 1 kg Magerquark
- abgeriebene Schale und
  Saft von 1 Bio-Zitrone
  (unbehandelt, unge-
  wachst)
- 1 Becher (150 g)
  Crème fraîche
- 3–4 EL Weizengrieß
- 4 Eiweiß (Größe M)

Für den Guss:
- 2 Pck. Tortenguss, klar
- 4 EL Zucker
- 500 ml (½ l) Obstsaft
  von dem gedünsteten
  Obst

1 Für den Teig Butter oder Margarine mit Handrührgerät mit Rührbesen auf höchster Stufe geschmeidig rühren. Nach und nach Zucker und Vanillin-Zucker unterrühren. So lange rühren, bis eine gebundene Masse entstanden ist.

2 Eier nach und nach unterrühren (jedes Ei etwa ½ Minute). Mehl mit Backpulver mischen, sieben und in 2 Portionen kurz auf mittlerer Stufe unterrühren.

3 Den Teig in eine Fettfangschale (30 x 40 cm, gefettet) geben und glatt streichen. Die Fettfangschale in den Backofen schieben und den Boden hellgelb vorbacken.

Ober-/Unterhitze:
180–200 °C (vorgeheizt)
Heißluft:
160–180 °C (vorgeheizt)
Gas:
etwa Stufe 3 (vorgeheizt)
Backzeit: etwa 20 Minuten.

4 Für den Belag Obst in einem Sieb abtropfen lassen, den Saft dabei auffangen und 500 ml (½ l) davon abmessen.

5 Butter geschmeidig rühren. Nach und nach Zucker, Vanillin-Zucker, Eigelb, Quark, Zitronenschale und -saft, Crème fraîche und Grieß unterrühren. Eiweiß steif schlagen und unterheben.

6 Die Masse auf den vorgebackenen Boden geben und glatt streichen. Das Obst darauf verteilen. Die Fettfangschale wieder in den Backofen schieben und den Kuchen fertig backen.

Ober-/Unterhitze:
etwa 180 °C (vorgeheizt)
Heißluft: etwa 160 °C
(nicht vorgeheizt)
Gas:
Stufe 2–3 (nicht vorgeheizt)
Backzeit: 40–45 Minuten.

7 Das Backblech auf einen Kuchenrost stellen. Den Kuchen erkalten lassen.

8 Für den Guss aus Tortengusspulver, Zucker und Obstsaft nach Packungsanleitung einen Guss zubereiten und auf dem Obst verteilen. Guss fest werden lassen.

Fanta®–Schnitten mit Roter Grütze

Zubereitungszeit: 35 Min.,
ohne Kühlzeit
Backzeit: etwa 25 Min.

Insgesamt: E: 91 g,
F: 452 g, Kh: 845 g,
kJ: 32774, kcal: 7808

Für den Rührteig:
- **4 Eier (Größe M)**
- **250 g Zucker**
- **1 Pck. Vanillin-Zucker**
- **125 ml (⅛ l) Speiseöl**
- **150 ml Fanta Orange**
- **250 g Weizenmehl**
- **3 gestr. TL Backpulver**

Für den Belag:
- **2 Dosen Pfirsichhälften (Abtropfgewicht je 470 g)**
- **600 ml Schlagsahne**
- **3 Pck. Sahnesteif**
- **5 Pck. Vanillin-Zucker**
- **500 g Schmand (Sauerrahm)**

- **1 Becher (500 g) Rote Grütze aus dem Kühlregal**

1 Für den Teig Eier, Zucker und Vanillin-Zucker mit Handrührgerät mit Rührbesen auf höchster Stufe schaumig schlagen. Speiseöl und Fanta unterrühren.

2 Mehl mit Backpulver mischen, sieben und in 2 Portionen kurz auf mittlerer Stufe unterrühren. Den Teig auf ein Backblech (30 x 40 cm, gefettet) geben und glatt streichen. Das Backblech in den Backofen schieben.

Ober-/Unterhitze:
etwa 180 °C (vorgeheizt)
Heißluft: etwa 160 °C (vorgeheizt)
Gas: Stufe 2–3 (vorgeheizt)
Backzeit: etwa 25 Minuten.

3 Das Backblech auf einen Kuchenrost stellen. Den Gebäckboden erkalten lassen.

4 Für den Belag Pfirsichhälften in einem Sieb abtropfen lassen und in kleine Stücke schneiden. Sahne mit Sahnesteif und 3 Päckchen des Vanillin Zuckers steif schlagen.

5 Schmand mit dem restlichen Vanillin-Zucker verrühren. Pfirsichstücke unter den Schmand rühren und die Sahne locker unterheben. Die Masse gleichmäßig auf den Gebäckboden geben und glatt streichen. Den Kuchen 2–3 Stunden kalt stellen.

6 Kurz vor dem Servieren Rote Grütze als Kleckse (mit Hilfe eines Teelöffels) auf dem Belag verteilen.

- **Tipp:**
Statt Pfirsichhälften können auch 2 große Dosen Mandarinen (Abtropfgewicht je 480 g) verwendet werden. Der Schmand kann auch durch Crème fraîche ersetzt werden.

®Rezept nicht durch Coca-Cola autorisiert.

Obstkuchen mit Buttermilch

**Zubereitungszeit: 35 Min.,
ohne Abkühlzeit
Backzeit: etwa 20 Min.**

**Insgesamt: E: 145 g,
F: 140 g, Kh: 942 g,
kJ: 23733, kcal: 5657**

Für den All-in-Teig:
- **300 g Weizenmehl**
- **1 Pck. Backpulver**
- **300 g Zucker**
- **1 Pck. Vanillin-Zucker**
- **3 Eier (Größe M)**
- **125 g zerlassene,
  abgekühlte Butter**
- **100 ml Buttermilch**

Für den Belag:
- **2 Dosen Cocktailfrüchte
  (Abtropfgewicht
  je 500 g)**
- **2 Pck. Quarkfein
  Vanille-Geschmack**
- **1 Pck. Quarkfein
  Zitronen-Geschmack**
- **400 ml Buttermilch**
- **500 g Magerquark**

Für den Guss:
- **3 Pck. Tortenguss, klar**
- **750 ml (¾ l) Fruchtsaft
  aus der Dose**

1 Für den Teig Mehl mit
Backpulver mischen und
in eine Rührschüssel sieben.
Zucker, Vanillin-Zucker, Eier,
Butter und Buttermilch hinzufügen. Die Zutaten mit
Handrührgerät mit Rührbe-
sen zunächst kurz auf niedrigster, dann auf höchster
Stufe in etwa 1 Minute zu
einem glatten Teig verarbeiten.

2 Den Teig auf ein Backblech (30 x 40 cm, gefet-
tet) geben und glatt streichen. Das Backblech in den
Backofen schieben.

**Ober-/Unterhitze:
etwa 180 °C (vorgeheizt)
Heißluft: etwa 160 °C
(vorgeheizt)
Gas: Stufe 2–3 (vorgeheizt)
Backzeit: etwa 20 Minuten.**

3 Das Backblech auf einen
Kuchenrost stellen. Den
Gebäckboden erkalten lassen.
Einen Backrahmen darum-
stellen.

4 Für den Belag Cocktailfrüchte in einem Sieb
gut abtropfen lassen, den Saft
dabei auffangen und 750 ml
(¾ l) davon abmessen, evtl.
mit Wasser auffüllen.

5 Quarkfein nach
Packungsanleitung,
aber mit der angegebenen
Menge Buttermilch, zubereiten. Quark unterrühren. Die
Masse auf den Gebäckboden
geben und glatt streichen.
Cocktailfrüchte darauf verteilen.

6 Für den Guss aus Tortengusspulver mit dem
aufgefangenen Fruchtsaft
nach Packungsanleitung
(aber ohne Zucker) einen
Guss zubereiten und auf den
Früchten verteilen. Kuchen
etwa 2 Stunden kalt stellen.
Backrahmen lösen und ent-
fernen.

Bananen-Quark-Kuchen

**Zubereitungszeit: 40 Min.,
ohne Kühlzeit
Backzeit: etwa 25 Min.**

**Insgesamt: E: 81 g,
F: 412 g, Kh: 529 g,
kJ: 26120, kcal: 6261**

Für den All-in-Teig:
- **300 g Weizenmehl**
- **2 gestr. TL Backpulver**
- **200 g Zucker**
- **3 Eier (Größe M)**
- **250 g weiche Butter
  oder Margarine**
- **1 Becher (250 g)
  Magerquark**
- **125 ml (⅛ l) Bananen-
  Nektar**
- **100 g gemahlene
  Haselnusskerne**

Für den Belag:
- **12 Blatt weiße Gelatine**
- **3 Becher (je 250 g)
  Magerquark**
- **250 ml (¼ l) Bananen-
  Nektar**
- **100 g Zucker**
- **3 Bananen**
- **4 EL Zitronensaft**
- **250 ml (¼ l) Schlagsahne**

Zum Garnieren:
- **2 Bananen**
- **2 EL Zitronensaft**
- **12 dünne Schokotaler**

1 Für den Teig Mehl mit Backpulver mischen und in eine Rührschüssel sieben. Zucker, Eier, Butter oder Margarine, Quark, Nektar und Haselnusskerne hinzufügen. Die Zutaten mit Handrührgerät mit Rührbesen zunächst kurz auf niedrigster, dann auf höchster Stufe in etwa 1 Minute zu einem glatten Teig verarbeiten.

2 Den Teig auf ein Backblech (30 x 40 cm, gefettet) geben und glatt streichen. Das Backblech in den Backofen schieben.

**Ober-/Unterhitze:
etwa 180 °C (vorgeheizt)
Heißluft: etwa 160 °C
(vorgeheizt)
Gas: Stufe 2–3 (vorgeheizt)
Backzeit: etwa 25 Minuten.**

3 Das Backblech auf einen Kuchenrost stellen. Gebäckboden erkalten lassen. Einen Backrahmen darumstellen.

4 Für den Belag Gelatine in kaltem Wasser nach Packungsanleitung einweichen, leicht ausdrücken. Die ausgedrückte Gelatine in einem kleinen Topf unter Rühren erhitzen (nicht kochen), bis sie völlig gelöst ist. Quark mit Nektar und Zucker gut verrühren. Die aufgelöste Gelatine unterrühren. Bananen schälen, der Länge nach halbieren und quer in Scheiben schneiden. Bananenscheiben mit Zitronensaft beträufeln und vorsichtig unter die Quarkmasse heben.

5 Sahne steif schlagen und unterheben. Die Quark-Sahne-Masse auf den Gebäckboden geben und glatt streichen. Etwa 1 Stunde kalt stellen. Den Backrahmen entfernen und den Kuchen in etwa 24 Stücke schneiden.

6 Zum Garnieren Bananen schälen, schräg in Scheiben schneiden und in dem Zitronensaft schwenken. Kuchenstücke mit den Bananenscheiben garnieren. Schokotaler mit einem Messer mit angewärmter Klinge halbieren. Schokotalerhälften auf die Kuchenstücke setzen.

56   Fruchtiges vom Blech   FÜR KINDER

Himbeer-Dickmilch-Kuchen (Titelrezept)

Zubereitungszeit: 40 Min., ohne Kühlzeit
Backzeit: etwa 15 Min.

Insgesamt: E: 100 g, F: 235 g, Kh: 482 g, kJ: 18823, kcal: 4498

Für den All-in-Teig:
- 125 g Weizenmehl
- 25 g Speisestärke
- 1 geh. EL Kakaopulver
- 3 gestr. TL Backpulver
- 100 g Zucker
- 1 Pck. Vanillin-Zucker
- 3 Eier (Größe M)
- 60 g weiche Butter oder Margarine

Für den Belag:
- 10 Blatt weiße Gelatine
- 1 Bio-Limette (unbehandelt, ungewachst)
- 1 kg Dickmilch
- 150 g Zucker
- 1 Pck. Vanillin-Zucker
- 400 ml Schlagsahne
- 250 g Himbeeren
- 60 g Himbeergelee

1 Fetten Sie ein Backblech und belegen es anschließend mit Backpapier. Stellen Sie einen Backrahmen (25 x 25 cm) auf das Backblech.

2 Für den Teig Mehl mit Speisestärke, Kakao und Backpulver mischen, in eine Rührschüssel sieben. Restliche Zutaten hinzufügen und mit Handrührgerät mit Rührbesen zunächst kurz auf niedrigster, dann auf höchster Stufe in etwa 2 Minuten zu einem glatten Teig verarbeiten. Den Teig auf dem vorbereiteten Backblech in den Backrahmen geben und glatt streichen. Das Backblech in den Backofen schieben.

Ober-/Unterhitze:
etwa 200 °C (vorgeheizt)
Heißluft: etwa 180 °C (vorgeheizt)
Gas: Stufe 3–4 (vorgeheizt)
Backzeit: etwa 15 Minuten.

3 Backrahmen lösen und entfernen. Gebäckboden auf einen mit Backpapier belegten Kuchenrost stürzen, erkalten lassen. Backpapier vorsichtig abziehen. Gebäckboden auf eine Platte legen. Den gesäuberten Backrahmen darumstellen.

4 Für den Belag Gelatine in kaltem Wasser nach Packungsanleitung einweichen. Limette heiß waschen und trockenreiben. Limettenschale mit einer Küchenreibe abreiben. Limette auspressen. Dickmilch mit Zucker, Vanillin-Zucker, Limettenschale und -saft verrühren. Gelatine leicht ausdrücken, unter Rühren erwärmen (nicht kochen), bis sie völlig gelöst ist, leicht abkühlen lassen. Etwa 4 Esslöffel von der Dickmilchmasse mit der aufgelösten Gelatine verrühren, dann mit der restlichen Dickmilchmasse verrühren, kalt stellen.

5 Sahne steif schlagen. Wenn die Dickmilchmasse anfängt dicklich zu werden, Sahne unterheben und auf dem Gebäckboden verteilen. Himbeeren verlesen, evtl. waschen und trockentupfen. Himbeeren auf der Creme verteilen. Den Kuchen etwa 3 Stunden kalt stellen.

6 Gelee in einem kleinen Topf unter Rühren kurz aufkochen lassen, noch heiß als Fäden oder Kleckse auf die Himbeeren geben, fest werden lassen. Backrahmen lösen und entfernen.

■ Tipp:
Sie können den Teig auch in eine Springform (Ø 26 cm, gefettet, mit Backpapier belegt) geben und bei gleicher Backofeneinstellung backen.

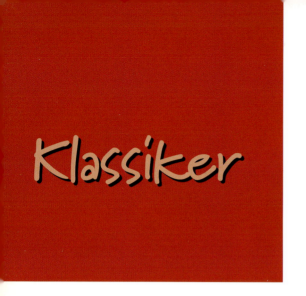

Klassiker – weitergegeben von Generation zu Generation.

Spanischer Streuselkuchen

Zubereitungszeit: 45 Min., ohne Teiggehzeit
Backzeit: etwa 30 Min.

Insgesamt: E: 124 g, F: 466 g, Kh: 756 g, kJ: 32206, kcal: 7703

Für den Hefeteig:
- 375 g Weizenmehl (Type 550)
- 1 Pck. (42 g) frische Hefe
- 100 g Zucker
- 250 ml (¼ l) lauwarme Schlagsahne
- 100 g zerlassene, abgekühlte Butter oder Margarine
- ½ TL gemahlener Zimt
- ½ Pck. Finesse Geriebene Zitronenschale
- 1 Msp. geriebene Muskatblüte (Macis)
- 2 Eier (Größe M)
- 100 g abgezogene, gemahlene Mandeln
- 75 g Rosinen

Zum Bestreichen:
- 1 Becher (250 g) Crème fraîche

Für die Streusel:
- 250 g Weizenmehl
- 125 g Zucker
- 1 Pck. Vanillin-Zucker
- 175 g Butter

1 Für den Teig Mehl in eine Rührschüssel sieben. In die Mitte eine Vertiefung drücken. Hefe hineinbröckeln, etwas von dem Zucker und der Sahne hinzufügen. Mit einer Gabel vorsichtig verrühren und etwa 10 Minuten gehen lassen.

2 Butter oder Margarine, Zimt, Zitronenschale, Muskatblüte, Eier, Mandeln, den restlichen Zucker und die restliche Sahne hinzufügen. Die Zutaten mit Handrührgerät mit Knethaken zunächst kurz auf niedrigster, dann auf höchster Stufe in etwa 5 Minuten zu einem Teig verarbeiten (der Teig ist etwas weich). Den Teig zugedeckt so lange an einem warmen Ort stehen lassen, bis er sich sichtbar vergrößert hat.

(Fortsetzung Seite 62)

60 Klassiker

PREISWERT

3 Den Teig leicht mit Mehl bestäuben, aus der Schüssel nehmen, auf einer bemehlten Arbeitsfläche nochmals kurz durchkneten, Rosinen unterkneten. Den Teig auf einem Backblech (30 x 40 cm, gefettet) ausrollen. Crème fraîche darauf verteilen.

4 Für die Streusel Mehl in eine Rührschüssel sieben, mit Zucker und Vanillin-Zucker mischen, Butter hinzufügen. Die Zutaten mit Handrührgerät mit Rührbesen zu Streuseln verarbeiten.

5 Die Streusel auf der Crème-fraîche-Masse verteilen. Den Teig zugedeckt nochmals so lange an einem warmen Ort gehen lassen, bis er sich sichtbar vergrößert hat. Das Backblech in den Backofen schieben.

**Ober-/Unterhitze:
etwa 180 °C (vorgeheizt)
Heißluft: etwa 160 °C
(vorgeheizt)
Gas: Stufe 2–3 (vorgeheizt)
Backzeit: etwa 30 Minuten.**

6 Das Backblech auf einen Kuchenrost stellen. Kuchen erkalten lassen.

Butter-Mandel-Kuchen

*Zubereitungszeit: 25 Min.
ohne Teiggehzeit
Backzeit: etwa 15 Min.*

*Insgesamt: E: 67 g,
F: 157 g, Kh: 387 g,
kJ: 13444, kcal: 3211*

Für den Hefeteig:
- **375 g Weizenmehl**
- **1 Pck. Trockenhefe**
- **50 g Zucker**
- **1 Prise Salz**
- **1 Ei (Größe M)**
- **50 g zerlassene, abgekühlte Butter**
- **200 ml lauwarme Milch**

Zum Bestreichen
und Bestreuen:
- **75 g zerlassene, etwas abgekühlte Butter**
- **50 g abgezogene, gehobelte Mandeln**
- **50 g Zucker**

1 Für den Teig Mehl in eine Rührschüssel sieben, mit Trockenhefe sorgfältig vermischen. Zucker, Salz, Ei, Butter und Milch hinzufügen.

2 Die Zutaten mit Handrührgerät mit Knethaken zunächst kurz auf niedrigster, dann auf höchster Stufe in etwa 5 Minuten zu einem Teig verarbeiten. Den Teig zugedeckt so lange an einem warmen Ort stehen lassen, bis er sich sichtbar vergrößert hat.

3 Den Teig leicht mit Mehl bestäuben, aus der Schüssel nehmen und auf einer bemehlten Arbeitsfläche nochmals kurz durchkneten.

4 Den Teig auf einem Backblech (30 x 40 cm, gefettet) ausrollen, mit Butter bestreichen, mit Mandeln und Zucker bestreuen. Den Teig nochmals zugedeckt so lange an einem warmen Ort gehen lassen, bis er sich sichtbar vergrößert hat. Das Backblech in den Backofen schieben.

**Ober-/Unterhitze:
etwa 200 °C (vorgeheizt)
Heißluft: etwa 180 °C
(vorgeheizt)
Gas: Stufe 3–4 (vorgeheizt)
Backzeit: etwa 15 Minuten.**

5 Das Backblech auf einen Kuchenrost stellen. Den Kuchen erkalten lassen und in beliebig große Stücke schneiden.

Kokosschnitten

Zubereitungszeit: 65 Min.
Backzeit: 25–30 Min.

Insgesamt: E: 67 g,
F: 365 g, Kh: 542 g,
kJ: 23885, kcal: 5703

Für den Knetteig:
- **300 g Weizenmehl**
- **2 gestr. TL Backpulver**
- **100 g Zucker**
- **1 Pck. Vanillin-Zucker**
- **1 Prise Salz**
- **2 Eier (Größe M)**
- **100 g Butter oder Margarine**

Zum Bestreichen:
- **3–4 EL Johannisbeer-konfitüre**

Für den Belag:
- **50 g zerlassene abgekühlte Butter**
- **1 Becher (150 g) Crème fraîche**
- **75 g Kandisfarin (brauner Zucker) oder weißer Zucker**
- **gemahlener Zimt**
- **200 g Kokosraspel**

Für die Glasur:
- **100 g dunkle Kuchenglasur**

1 Für den Teig Mehl mit Backpulver mischen und in eine Rührschüssel sieben. Zucker, Vanillin-Zucker, Salz, Eier und Butter oder Margarine hinzufügen. Die Zutaten mit Handrührgerät mit Knethaken zunächst kurz auf niedrigster, dann auf höchster Stufe gut durcharbeiten.

2 Anschließend auf einer bemehlten Arbeitsfläche zu einem glatten Teig verkneten. Sollte er kleben, ihn in Folie gewickelt eine Zeit lang kalt stellen.

3 Den Teig auf einem Backblech (30 x 40 cm, gefettet) ausrollen und mit Konfitüre bestreichen.

4 Für den Belag Butter mit Crème fraîche, Kandisfarin oder Zucker, Zimt und Kokosraspeln gut verrühren. Die Masse auf den mit Konfitüre bestrichenen Teig geben und vorsichtig glatt streichen. Das Backblech in den Backofen schieben.

Ober-/Unterhitze:
etwa 180 °C (vorgeheizt)
Heißluft: etwa 160 °C
(vorgeheizt)
Gas: Stufe 2–3 (vorgeheizt)
Backzeit: 25–30 Minuten.

5 Das Backblech auf einen Kuchenrost stellen. Gebäckboden erkalten lassen, dann in Streifen (etwa 3 x 8 cm) schneiden.

6 Für die Glasur Kuchenglasur in einem kleinen Topf im Wasserbad bei schwacher Hitze schmelzen. Die Kokosschnitten jeweils mit einem Ende hineintauchen, auf Backpapier legen und trocknen lassen.

- **Tipp:**
Statt Kokosraspel können auch 200 g gemahlene Haselnusskerne verwendet werden. Sie können das Gebäck auch in Quadrate schneiden, diese so in Hälften teilen, dass Dreiecke entstehen. Das Gebäck mit aufgelöster Schokolade besprenkeln. Es bleibt in einer gut schließenden Dose etwa 3 Wochen frisch.

Badischer Käsekuchen

**Zubereitungszeit: 50 Min., ohne Abkühlzeit
Backzeit: 70–75 Min.**

Insgesamt: E: 215 g, F: 406 g, Kh: 782 g, kJ: 32161, kcal: 7679

Für den Knetteig:
- **225 g Weizenmehl**
- **60 g Zucker**
- **1 Pck. Vanillin-Zucker**
- **150 g Butter oder Margarine**

Für den Quarkbelag:
- **1 kg Magerquark**
- **60 g gesiebte Speisestärke**
- **250 g Zucker**
- **4 Eier (Größe M)**
- **1 Pck. Bourbon-Vanille-Aroma**
- **1 Pck. Finesse Geriebene Zitronenschale**
- **3 EL Zitronensaft**
- **500 ml (½ l) Schlagsahne**

Für die Streusel:
- **150 g Weizenmehl**
- **75 g Zucker**
- **1 Pck. Vanillin-Zucker**
- **100 g Butter**

1 Für den Teig Mehl in eine Rührschüssel sieben. Restliche Zutaten hinzufügen und mit Handrührgerät mit Knethaken zunächst kurz auf niedrigster, dann auf höchster Stufe gut durcharbeiten. Anschließend auf einer bemehlten Arbeitsfläche zu einem glatten Teig verkneten. Sollte er kleben, ihn in Folie gewickelt eine Zeit lang kalt stellen.

2 Den Teig auf einem Backblech (30 x 40 cm, gefettet) ausrollen. Teigboden mehrmals mit einer Gabel einstechen. Das Backblech in den Backofen schieben und den Boden vorbacken.

**Ober-/Unterhitze:
etwa 200 °C (vorgeheizt)
Heißluft: etwa 180 °C (vorgeheizt)
Gas: Stufe 3–4 (vorgeheizt)
Backzeit: etwa 15 Minuten.**

3 Für den Quarkbelag Quark mit Speisestärke, Zucker, Eiern, Aroma, Zitronenschale und -saft gut verrühren. Sahne steif schlagen und unterheben.

4 Das Backblech auf einen Kuchenrost stellen. Den Gebäckboden etwas abkühlen lassen. Einen Backrahmen darumstellen. Die Quark-Sahne-Masse auf den vorgebackenen Gebäckboden geben und glatt streichen.

5 Für die Streusel Mehl in eine Rührschüssel sieben, mit Zucker und Vanillin-Zucker mischen, Butter hinzufügen. Die Zutaten mit Handrührgerät mit Knethaken zu Streuseln von gewünschter Größe verarbeiten und auf die Quark-Sahne-Masse streuen. Das Backblech wieder in den Backofen schieben und den Kuchen fertig backen.

**Ober-/Unterhitze:
etwa 180 °C (vorgeheizt)
Heißluft: etwa 160 °C (nicht vorgeheizt)
Gas:
Stufe 2–3 (nicht vorgeheizt)
Backzeit: 55–60 Minuten.**

6 Das Backblech auf einen Kuchenrost stellen. Kuchen erkalten lassen. Backrahmen entfernen. Kuchen in Stücke schneiden.

Rhabarberkuchen

**Zubereitungszeit:
60 Min.
Backzeit: etwa 60 Min.**

**Insgesamt: E: 110 g,
F: 415 g, Kh: 540 g,
kJ: 26600, kcal: 6361**

Für den Rührteig:
- **250 g weiche Butter
  oder Margarine**
- **150 g Zucker**
- **2 Pck. Vanillin-Zucker**
- **1 Prise Salz**
- **abgeriebene Schale von
  1 Bio-Zitrone (unbe-
  handelt, ungewachst)**
- **2 Eier (Größe M)**
- **250 g Weizenmehl**
- **2 gestr. TL Backpulver**
- **100 g abgezogene,
  gemahlene Mandeln**

Für den Belag:
- **1–1½ kg Rhabarber**

Für den Guss:
- **4 Eiweiß (Größe M)**
- **4 Eigelb (Größe M)**
- **150 g Zucker**
- **1 TL gemahlener Zimt**
- **2 Becher (je 150 g)
  Crème fraîche**

Zum Bestäuben:
- **Puderzucker**

1 Für den Teig Butter oder Margarine mit Hand-rührgerät mit Rührbesen auf höchster Stufe geschmeidig rühren. Nach und nach Zucker, Vanillin-Zucker, Salz und Zitronenschale unter-rühren. So lange rühren, bis eine gebundene Masse ent-standen ist.

2 Eier nach und nach unterrühren (jedes Ei etwa ½ Minute). Mehl mit Backpulver mischen, sieben und abwechselnd mit den Mandeln in 2 Portionen kurz auf mittlerer Stufe unter-rühren.

3 Den Teig in eine Fett-fangschale (30 x 40 cm, gefettet) geben und glatt streichen.

4 Für den Belag Rhabar-ber waschen, abtropfen lassen, Stielenden und Blatt-ansätze entfernen. Stangen in etwa 2 cm lange Stücke schneiden und auf dem Teig verteilen.

5 Die Fettfangschale in den Backofen schieben.

**Ober-/Unterhitze:
180–200 °C (vorgeheizt,
untere Einschubleiste)
Heißluft: 160–180 °C (nicht
vorgeheizt)
Gas: etwa Stufe 3 (nicht vorgeheizt, untere Einschub-
leiste)
Backzeit: etwa 60 Minuten.**

6 Für den Guss Eiweiß steif schlagen. Eigelb mit Zucker cremig schlagen. Zimt und Crème fraîche unterrüh-ren. Eiweiß unterheben. Den Guss nach etwa 30 Minuten Backzeit auf dem Rhabarber verteilen und den Kuchen fertig backen.

7 Die Fettfangschale auf einen Kuchenrost stel-len. Den Kuchen erkalten las-sen. Vor dem Servieren mit Puderzucker bestäuben.

Gefüllter Butterkuchen

**Zubereitungszeit:
etwa 20 Min., ohne Teig-
geh- und Kühlzeit
Backzeit: etwa 15 Min.**

**Insgesamt: E: 102 g,
F: 228 g, Kh: 669 g,
kJ: 21521, kcal: 5134**

Für den Hefeteig:
- **375 g Weizenmehl**
- **1 Pck. Trockenhefe**
- **50 g Zucker**
- **1 Pck. Vanillin-Zucker**
- **1 Prise Salz**
- **1 Ei (Größe M)**
- **50 g zerlassene,
  abgekühlte Butter**
- **200 ml lauwarme Milch**

Für den Belag:
- **100 g kalte Butter**
- **75 g Zucker**
- **1 Pck. Vanillin-Zucker**
- **100 g abgezogene,
  gehobelte Mandeln**

Für die Pudding-Apfel-
Füllung:
- **750 ml (¾ l) Milch**
- **80 g Zucker**
- **2 Pck. Pudding-Pulver
  Vanille-Geschmack**
- **1 Glas Apfelkompott
  (Einwaage 360 g)**

1 Für den Teig Mehl in eine Rührschüssel sieben, mit Trockenhefe sorgfältig vermischen. Zucker, Vanillin-Zucker, Salz, Ei, Butter und Milch hinzufügen.

2 Die Zutaten mit Handrührgerät mit Knethaken zunächst kurz auf niedrigster, dann auf höchster Stufe in etwa 5 Minuten zu einem Teig verarbeiten. Den Teig zugedeckt so lange an einem warmen Ort stehen lassen, bis er sich sichtbar vergrößert hat.

3 Den Teig leicht mit Mehl bestäuben, aus der Schüssel nehmen und auf einer leicht bemehlten Arbeitsfläche nochmals kurz durchkneten.

4 Den Teig auf einem Backblech (30 x 40 cm, gefettet) ausrollen.

5 Für den Belag mit Hilfe eines Kochlöffelstiels leichte Vertiefungen in den Teig drücken und Butter in Flöckchen gleichmäßig darauf setzen. Zucker mit Vanillin-Zucker mischen, den Teig damit bestreuen, Mandeln gleichmäßig darauf verteilen. Den Teig nochmals zugedeckt so lange an einem warmen Ort gehen lassen, bis

er sich sichtbar vergrößert hat. Das Backblech in den Backofen schieben.

**Ober-/Unterhitze:
etwa 200 °C (vorgeheizt)
Heißluft:
etwa 180 °C (vorgeheizt)
Gas: Stufe 3–4 (vorgeheizt)
Backzeit: etwa 15 Minuten.**

6 Das Backblech auf einen Kuchenrost stellen, den Kuchen darauf erkalten lassen. Den Kuchen vierteln und jeweils waagerecht halbieren.

7 Für die Füllung aus Milch, Zucker und Pudding-Pulver nach Packungsanleitung (aber mit den hier angegebenen Zutaten) einen Pudding zubereiten, sofort mit Klarsichtfolie zudecken. Pudding etwas abkühlen lassen.

8 Die warme Puddingmasse mit dem Apfelkompott vermengen und auf den unteren Kuchenhälften verteilen. Die oberen Kuchenhälften darauf legen und leicht andrücken. Kuchen etwa 2 Stunden kalt stellen.

Friesischer Streuselkuchen

Zubereitungszeit:
75 Min., ohne Kühlzeit
Backzeit: etwa 20 Min.

Insgesamt: E: 49 g,
F: 350 g, Kh: 491 g,
kJ: 22163, kcal: 5294

Für den Knetteig:
- **175 g Weizenmehl**
- **1 Msp. Backpulver**
- **1 Pck. Vanillin-Zucker**
- **100 g Crème fraîche**
- **125 g Butter oder**
  Margarine

Für den Streuselteig:
- **100 g Weizenmehl**
- **50 g Zucker**
- **1 Pck. Vanillin-Zucker**
- **1 Msp. gemahlener Zimt**
- **65 g Butter oder**
  Margarine

Für die Füllung:
- **300 g Pflaumenmus**
- **500 ml (½ l)**
  Schlagsahne
- **2 Pck. Sahnesteif**
- **25 g Zucker**
- **1 Pck. Vanillin-Zucker**

Zum Bestäuben:
- **Puderzucker**

1 Für den Knetteig Mehl mit Backpulver mischen und in eine Rührschüssel sieben. Vanillin-Zucker, Crème fraîche und Butter oder Margarine hinzufügen. Die Zutaten mit Handrührgerät mit Knethaken zunächst kurz auf niedrigster, dann auf höchster Stufe gut durcharbeiten.

2 Anschließend auf einer bemehlten Arbeitsfläche zu einem glatten Teig verkneten. Sollte er kleben, ihn in Folie gewickelt eine Zeit lang kalt stellen.

3 Den Teig auf einem Backblech (30 x 40 cm, gefettet, mit Backpapier belegt) ausrollen. Den Teigboden mehrmals mit einer Gabel einstechen.

4 Für den Streuselteig Mehl in eine Rührschüssel sieben, mit Zucker, Vanillin-Zucker und Zimt mischen. Butter oder Margarine hinzufügen. Die Zutaten mit Handrührgerät mit Knethaken zu Streuseln von gewünschter Größe verarbeiten. Teigstreusel auf dem Knetteigboden verteilen. Das Backblech in den Backofen schieben.

Ober-/Unterhitze:
etwa 200 °C (vorgeheizt)
Heißluft: etwa 180 °C
(vorgeheizt)
Gas: Stufe 3–4 (vorgeheizt)
Backzeit: etwa 20 Minuten.

5 Den Gebäckboden mit dem Backpapier vom Backblech auf eine Arbeitsfläche ziehen und sofort senkrecht halbieren. Eine Gebäckhälfte in 12 Stücke schneiden. Gebäckstücke und -boden erkalten lassen.

6 Für die Füllung den Gebäckboden mit dem Pflaumenmus bestreichen. Sahne mit Sahnesteif, Zucker und Vanillin-Zucker steif schlagen. Die Sahne in einen Spritzbeutel mit Sterntülle füllen und gleichmäßig auf dem Pflaumenmus verteilen. Die 12 Gebäckstücke darauf legen und etwas andrücken.

7 Gebäckstücke bis zum Servieren kalt stellen und am besten mit einem Sägemesser (Schneide mit Wellenschliff) in Schnitten schneiden. Mit Puderzucker bestäuben.

Kokos-Bienenstich

**Zubereitungszeit: 60 Min.,
ohne Teiggeh- und Kühlzeit
Backzeit: etwa 15 Min.**

**Insgesamt: E: 83 g,
F: 431 g, Kh: 919 g,
kJ: 33014, kcal: 7872**

Zum Vorbereiten:
- **2 Dosen Ananasraspel
  (Abtropfgewicht je 340 g)**

Für den Hefeteig:
- **375 g Weizenmehl**
- **1 Pck. Trockenhefe**
- **50 g Zucker**
- **1 Pck. Vanillin-Zucker**
- **1 Prise Salz**
- **1 Ei (Größe M)**
- **200 ml lauwarme Milch**
- **50 g zerlassene, abgekühlte Butter oder
  Margarine**

Für den Belag:
- **100 g flüssiger
  Akazienhonig**
- **150 g Butter**
- **75 g Zucker**
- **1 Pck. Vanillin-Zucker**
- **5 EL Schlagsahne**
- **150 g Kokosraspel**

Für die Füllung:
- **2 Pck. Pudding-Pulver
  Vanille-Geschmack**
- **125 g Zucker**
- **750 ml (¾ l) Ananassaft
  aus der Dose, evtl. mit
  Wasser aufgefüllt**
- **2 Becher (400 ml)
  Schlagsahne**

1 Zum Vorbereiten Ananasraspel in einem Sieb
abtropfen lassen, den Saft
dabei auffangen und 750 ml
(¾ l) davon abmessen, evtl.
mit Wasser auffüllen.

2 Für den Teig Mehl in
eine Rührschüssel sieben
und mit der Trockenhefe
sorgfältig vermischen. Zucker,
Vanillin-Zucker, Salz, Ei,
Milch und Butter oder
Margarine hinzufügen

3 Die Zutaten mit Handrührgerät mit Knet-
haken zunächst kurz auf
niedrigster, dann auf höchster Stufe in etwa 5 Minuten
zu einem Teig verarbeiten.
Den Teig zugedeckt so lange
an einem warmen Ort stehen
lassen, bis er sich sichtbar
vergrößert hat.

4 Für den Belag Honig,
Butter, Zucker, Vanillin-
Zucker und Sahne in einem
Topf unter Rühren langsam
erhitzen und kurz aufkochen
lassen. Kokosraspel unterrühren. Die Masse abkühlen
lassen, dabei ab und zu
umrühren.

5 Den Teig leicht mit Mehl
bestäuben, aus der
Schüssel nehmen, auf einer
leicht bemehlten Arbeits-
fläche nochmals kurz durch-

kneten und auf einem Backblech (30 x 40 cm, gefettet)
oder in einer Fettfangschale
ausrollen. Die Honig-Kokos-
raspel-Masse darauf verteilen. Teig nochmals zugedeckt
so lange an einem warmen
Ort gehen lassen, bis er sich
sichtbar vergrößert hat.

6 Das Backblech oder die
Fettfangschale in den
Backofen schieben.

**Ober-/Unterhitze:
etwa 200 °C (vorgeheizt)
Heißluft: etwa 180 °C
(vorgeheizt)
Gas: Stufe 3–4 (vorgeheizt)
Backzeit: etwa 15 Minuten.**

7 Das Backblech oder die
Fettfangschale auf einen
Kuchenrost stellen. Den
Gebäckboden erkalten lassen.

8 Für die Füllung aus
Pudding-Pulver, Zucker
und Ananassaft nach
Packungsanleitung – aber
mit den hier angegebenen
Zutaten – einen Pudding
zubereiten, in eine Schüssel
geben und mit Klarsichtfolie
zudecken. Pudding erkalten
lassen.

9 Sahne steif schlagen.
Den erkalteten Pudding
nochmals durchrühren und
die Sahne unterheben.

(Fortsetzung Seite 76)

74   Klassiker

10 Den Gebäckboden vierteln und jeweils waagerecht halbieren. Die Pudding-Sahne-Creme auf die unteren Gebäckböden geben und glatt streichen.

Die oberen Gebäckböden darauf legen und leicht andrücken. Den Bienenstich 2–3 Stunden kalt stellen.

■ **Abwandlung:**
Anstelle der Kokosraspel können Sie für den Belag auch die gleiche Menge gehobelte oder gehackte Haselnusskerne oder Mandeln verwenden.

Apfelkuchen, sehr fein

Zubereitungszeit: 65 Min.
Backzeit: 40–50 Min.

Insgesamt: E: 101 g,
F: 327 g, Kh: 789 g,
kJ: 27260, kcal: 6513

Für den Rührteig:
■ **250 g weiche Butter oder Margarine**
■ **250 g Zucker**
■ **1 Pck. Vanillin-Zucker**
■ **1 Prise Salz**
■ **1 Pck. Finesse Geriebene Zitronenschale**
■ **6 Eier (Größe M)**
■ **400 g Weizenmehl**
■ **4 gestr. TL Backpulver**
■ **2–4 EL Milch**

Für den Belag:
■ **1,5 kg Äpfel**
■ **50 g zerlassene Butter**
■ **50 g Rosinen**
■ **40 g abgezogene, gestiftelte Mandeln**

Zum Aprikotieren:
■ **3–4 EL Aprikosenkonfitüre**
■ **2 EL Wasser**

1 Für den Teig Butter oder Margarine mit Handrührgerät mit Rührbesen auf höchster Stufe geschmeidig rühren. Nach und nach Zucker, Vanillin-Zucker, Salz und Zitronenschale hinzufügen. So lange rühren, bis eine gebundene Masse entstanden ist. Eier nach und nach unterrühren (jedes Ei etwa ½ Minute).

2 Mehl mit Backpulver mischen, sieben und abwechselnd mit der Milch in 2 Portionen kurz auf mittlerer Stufe unterrühren (nur so viel Milch verwenden, dass der Teig schwer reißend von einem Löffel fällt).

3 Den Teig auf ein Backblech (30 x 40 cm, gefettet) geben und glatt streichen.

4 Für den Belag Äpfel schälen, vierteln, entkernen und mehrmals der Länge nach einritzen. Apfelviertel auf den Teig legen und mit Butter bestreichen. Rosinen und Mandeln darauf streuen. Das Backblech in den Backofen schieben.

Ober-/Unterhitze:
etwa 180 °C (vorgeheizt)
Heißluft: etwa 160 °C
(nicht vorgeheizt)
Gas: Stufe 2–3
(nicht vorgeheizt)
Backzeit: 40–50 Minuten.

5 Das Backblech auf einen Kuchenrost stellen.

6 Zum Aprikotieren Konfitüre durch ein Sieb streichen, mit Wasser in einem kleinen Topf unter Rühren zum Kochen bringen. Den heißen Kuchen sofort damit bestreichen. Kuchen erkalten lassen.

■ **Abwandlung:**
Statt der Äpfel 2 Gläser gut abgetropfte Sauerkirschen (Abtropfgewicht je 370 g) verwenden, dann den Kuchen nur mit abgezogenen, gehobelten Mandeln bestreuen.

Russischer Zupfkuchen vom Blech

Zubereitungszeit: 40 Min.
Backzeit: etwa 45 Min.

Insgesamt: E: 236 g,
F: 565 g, Kh: 967 g,
kJ: 42757, kcal: 10213

Für den Knetteig:
- **425 g Weizenmehl**
- **40 g Kakaopulver**
- **3 gestr. TL Backpulver**
- **200 g Zucker**
- **2 Pck. Vanillin-Zucker**
- **2 Eier (Größe M)**
- **250 g Butter oder**
  Margarine

Für die Füllung:
- **1 kg Magerquark**
- **250 g Zucker**
- **2 Pck. Vanillin-Zucker**
- **2 Pck. Pudding-Pulver**
  Vanille-Geschmack
- **4 Eier (Größe M)**
- **375 g zerlassene,**
  abgekühlte Butter oder
  Margarine

1 Für den Teig Mehl mit Kakao und Backpulver mischen und in eine Rührschüssel sieben. Zucker, Vanillin-Zucker, Eier und Butter oder Margarine hinzufügen. Die Zutaten mit Handrührgerät mit Knethaken zunächst kurz auf niedrigster, dann auf höchster Stufe gut durcharbeiten.

2 Anschließend auf der bemehlten Arbeitsfläche zu einem glatten Teig verkneten. ⅔ des Teiges auf einem gefetteten Backblech (30 x 40 cm) ausrollen. Einen Backrahmen darumstellen.

3 Für die Füllung Quark, Zucker, Vanillin-Zucker, Pudding Pulver und Eier mit Handrührgerät mit Rührbesen verrühren. Das Fett unterrühren, alles zu einer einheitlichen Masse verrühren, auf dem Teig verteilen und glatt streichen.

4 Den restlichen Teig in kleine Stücke zupfen und auf der Füllung verteilen. Das Backblech in den Backofen schieben.

Ober-/Unterhitze:
etwa 180 °C (vorgeheizt)
Heißluft: etwa 160 °C
(nicht vorgeheizt)
Gas: Stufe 2–3
(nicht vorgeheizt)
Backzeit: etwa 45 Minuten.

5 Das Backblech auf einen Kuchenrost stellen, den Kuchen erkalten lassen. Den Backrahmen mit Hilfe eines Messers vorsichtig lösen und entfernen.

■ Abwandlung:
Fruchtiger wird das Gebäck mit einer dünnen Schicht Preiselbeeren auf dem Boden.

Schneller, gedeckter Apfelkuchen

**Zubereitungszeit: 40 Min.,
ohne Kühlzeit
Backzeit: 20–25 Min.**

**Insgesamt: E: 65 g,
F: 90 g, Kh: 527 g,
kJ: 14070, kcal: 3363**

Für den Knetteig:
- **350 g Weizenmehl**
- **4 gestr. TL Backpulver**
- **70 g Zucker**
- **1 Pck. Vanillin-Zucker**
- **1 Ei (Größe M)**
- **50 ml (4 EL) Milch**
- **150 g Butter
  oder Margarine**

Für die Füllung:
- **4 Gläser stückiges
  Apfelmus (je 350 g)**
- **75 g Rosinen**

Zum Bestreichen:
- **1 Eigelb (Größe M)**
- **1 EL Milch**

- **50 g abgezogene,
  gehobelte Mandeln**

1 Für den Teig Mehl mit Backpulver mischen, in eine Rührschüssel sieben. Restliche Zutaten hinzugeben und mit Handrührgerät mit Knethaken zunächst kurz auf niedrigster, dann auf höchster Stufe gut durcharbeiten.

2 Anschließend auf einer bemehlten Arbeitsfläche zu einem glatten Teig verkneten. Sollte der Teig kleben, ihn in Folie gewickelt 20–30 Minuten kühl stellen.

3 Knapp die Hälfte des Teiges dünn ausrollen. Für die Decke eine Teigplatte in Backblechgröße (30 x 40 cm) ausschneiden, auf Backpapier mit Hilfe eines Teigrollers aufrollen. Den restlichen Teig auf dem gefetteten Backblech ausrollen.

4 Für die Füllung Apfelmus mit Rosinen auf dem Boden verteilen, die Teigdecke darauf abrollen.

5 Zum Bestreichen Eigelb mit Milch verschlagen. Den Teig damit bestreichen und mit den Mandeln bestreuen. Die Teigdecke mehrmals mit einer Gabel einstechen. Das Backblech in den Backofen schieben.

**Ober-/Unterhitze:
etwa 200 °C (vorgeheizt)
Heißluft: etwa 180 °C
(vorgeheizt)
Gas: Stufe 3–4 (vorgeheizt)
Backzeit: 20–25 Minuten.**

6 Backblech auf einen Kuchenrost stellen, den Kuchen erkalten lassen.

- **Abwandlung:**

Servieren Sie den Kuchen einmal lauwarm mit einer Kugel Vanille- oder Walnusseis.

- **Tipp:**

Kuchen lässt sich gut portionsweise einfrieren. Statt des Teiges können auch Zimtstreusel auf das Apfelmus gegeben werden.

Schneckenkuchen vom Blech

**Zubereitungszeit: 60 Min.,
ohne Gehzeit
Backzeit: etwa 20 Min.**

**Insgesamt: E: 105 g,
F: 132 g, Kh: 843 g,
kJ: 21560, kcal: 5147**

Für den Hefeteig:
- **500 g Weizenmehl**
- **1 Pck. Trockenhefe**
- **50 g Zucker**
- **1 Pck. Vanillin-Zucker**
- **1 Prise Salz**
- **2 Eier (Größe M)**
- **125 ml (⅛ l) lauwarme Milch**
- **100 g zerlassene, abgekühlte Butter oder Margarine**

Für die Füllung:
- **2 Pck. Pudding-Pulver Vanille-Geschmack**
- **750 ml (¾ l) Milch**
- **80 g Zucker**
- **100 g Rosinen**

Zum Aprikotieren:
- **3 EL Aprikosenkonfitüre**
- **2 EL Wasser**

Für den Guss:
- **100 g gesiebter Puderzucker**
- **1–2 EL Wasser**

1 Für den Teig Mehl in eine Rührschüssel sieben, mit der Trockenhefe sorgfältig vermischen. Alle übrigen Zutaten hinzufügen. Die Zutaten mit Handrührgerät mit Knethaken zunächst auf niedrigster, dann auf höchster Stufe in etwa 5 Minuten zu einem Teig verarbeiten.

2 Teig zugedeckt so lange an einem warmen Ort stehen lassen, bis er sich sichtbar vergrößert hat (etwa 20 Minuten).

3 Für die Füllung Pudding nach Anleitung auf dem Päckchen (jedoch nur mit ¾ l Milch) zubereiten, während des Erkaltens ab und zu durchrühren. Rosinen unterrühren.

4 Den Teig leicht mit Mehl bestäuben, aus der Schüssel nehmen, auf der Arbeitsfläche nochmals kurz durchkneten, zu einem Rechteck (40 x 60 cm) ausrollen.

5 Mit dem Pudding bestreichen. Den Teig von der längeren Seite her aufrollen, in knapp 1,5 cm breite Scheiben schneiden, dachziegelartig auf ein gefettetes Backblech (30 x 40 cm)

legen, nochmals so lange gehen lassen, bis sich der Teig sichtbar vergrößert hat. Das Backblech in den Backofen schieben.

**Ober-/Unterhitze:
etwa 200 °C (vorgeheizt)
Heißluft: etwa 180 °C
(vorgeheizt)
Gas: Stufe 3–4 (vorgeheizt)
Backzeit: etwa 20 Minuten.**

6 Zum Aprikotieren Konfitüre durch ein Sieb streichen, mit dem Wasser etwas einkochen lassen. Das Gebäck sofort nach dem Backen damit bestreichen, erkalten lassen.

7 Für den Guss Puderzucker mit Wasser verrühren. Den Guss über den Kuchen sprenkeln.

■Abwandlung:
Anstelle der Rosinen 200 g fein gewürfelte, getrocknete Aprikosen unter den Pudding rühren. Schnecken zusätzlich vor dem Backen mit etwas Zimt-Zucker bestreuen und in die Füllung zusätzlich 2 fein gewürfelte Äpfel geben.

■ Tipp:
Schneckenkuchen schmeckt am besten frisch.

Pflaumenmuskuchen nach Linzer Art

Zubereitungszeit: 40 Min.
Backzeit: 25–30 Min.

Insgesamt: E: 68 g,
F: 224 g, Kh: 996 g,
kJ: 27414, kcal: 6549

Für den Rührteig:

- **250 g weiche Butter oder Margarine**
- **250 g Zucker**
- **1 Pck Vanillin-Zucker**
- **1 Ei (Größe M)**
- **1 Eiweiß (Größe M)**
- **400 g Weizenmehl**
- **3 gestr. TL Backpulver**

Für den Belag:

- **2 Gläser Pflaumenmus (je 450 g)**

Zum Bestreichen:

- **1 Eigelb**
- **1 EL Wasser**

1 Für den Teig Butter oder Margarine mit Handrührgerät mit Rührbesen auf höchster Stufe geschmeidig rühren. Nach und nach Zucker und Vanillin-Zucker unterrühren, so lange rühren, bis eine gebundene Masse entstanden ist.

2 Ei und Eiweiß nach und nach unterrühren (je etwa ½ Minute). Mehl und Backpulver mischen, sieben und gut ⅔ davon auf mittlerer Stufe unterrühren. Gut ⅔ des Teiges auf ein gefettetes Backblech (30 x 40 cm) streichen.

3 Für den Belag Pflaumenmus auf dem Teig verteilen und glatt streichen.

4 Das restliche Mehl unter den Rest des Teiges kneten (evtl. noch etwas Mehl unterkneten, evtl. einige Zeit kalt stellen). Den Teig portionsweise auf einer bemehlten Arbeitsfläche ausrollen und Streifen ausrädeln. Die Teigstreifen gitterartig auf dem Pflaumenmus verteilen.

5 Zum Bestreichen Eigelb mit Wasser verschlagen und das Teiggitter damit bestreichen. Das Backblech in den Backofen schieben.

Ober-/Unterhitze:
etwa 180 °C (vorgeheizt)
Heißluft: etwa 160 °C (vorgeheizt)
Gas: Stufe 2–3 (vorgeheizt)
Backzeit: 25–30 Minuten.

6 Das Backblech auf einen Kuchenrost stellen, den Kuchen erkalten lassen.

■ Abwandlung:

Anstelle des Pflaumenmus eine dünne Schicht Himbeer konfitüre aufstreichen. Den Kuchen anstelle eines Teiggitters mit Streuseln bestreuen. Dafür 150 g Weizenmehl, 100 g Zucker, 1 Pck. Vanillin-Zucker und 100 g Butter in eine Rührschüssel geben und mit Handrührgerät mit Knethaken zu Streuseln von gewünschter Größe verarbeiten, aufstreuen. Aus dem restlichen Teig einen Obstboden backen und anderweitig verwenden.

■ Tipp:

Hält sich verpackt in Alufolie einige Tage frisch.

Marzipan-Butterkuchen

Zubereitungszeit:
25 Min., ohne Gehzeit
Backzeit: etwa 20 Min.

Insgesamt: E: 95 g,
F: 320 g, Kh: 510 g,
kJ: 22967, kcal: 5485

Für den Hefeteig:
- **375 g Weizenmehl**
- **1 Pck. Trockenhefe**
- **100 g Zucker**
- **1 Prise Salz**
- **75 g zerlassene, abge-**
  kühlte Butter
- **200 ml lauwarme Milch**

Für den Belag:
- **125 g weiche Butter**
- **200 g Marzipan-**
  Rohmasse
- **1 Becher (150 g)**
  Crème fraîche
- **2–3 EL Zucker**
- **1 Pck. Vanillin-Zucker**
- **50 g abgezogene,**
  gehobelte Mandeln

1 Für den Teig Mehl in eine Rührschüssel sieben, mit der Hefe sorgfältig vermischen. Zucker, Salz, Butter und Milch hinzufügen. Die Zutaten mit Handrührgerät mit Knethaken zunächst auf niedrigster, dann auf höchster Stufe in etwa 5 Minuten zu einem glatten Teig verarbeiten.

2 Den Teig zugedeckt so lange an einem warmen Ort stehen lassen, bis er sich sichtbar vergrößert hat. Den Teig dann auf der Arbeitsfläche nochmals kurz durchkneten und auf einem Backblech (30 x 40 cm, gefettet) ausrollen.

3 Für den Belag Butter mit Marzipan-Rohmasse verrühren, in einen Spritzbeutel mit weiter Lochtülle geben. Mit den Fingern in Abständen von 2–3 cm Vertiefungen in den Teig drücken. In jede Vertiefung etwas von der Marzipanmasse spritzen. Den Teig nochmals so lange an einem warmen Ort stehen lassen, bis er sich sichtbar vergrößert hat.

4 Crème fraîche verrühren, mit Hilfe eines Pinsels die Zwischenräume auf dem Teig damit bestreichen. Den Zucker mit Vanillin-Zucker mischen und die Oberfläche damit bestreuen. Die Mandeln darüber verteilen. Das Backblech in den Backofen schieben.

Ober-/Unterhitze:
etwa 200 °C (vorgeheizt)
Heißluft: etwa 180 °C
(vorgeheizt)
Gas: Stufe 3–4 (vorgeheizt)
Backzeit: etwa 20 Minuten.

5 Das Backblech auf einen Kuchenrost stellen und den Kuchen erkalten lassen.

Sandschnitten

Zubereitungszeit:
20 Min., ohne Kühlzeit
Backzeit: etwa 20 Min.

Insgesamt: E: 62 g,
F: 263 g, Kh: 563 g,
kJ: 21007, kcal: 5018

Für den Rührteig:
- **250 g Butter**
- **200 g feinkörniger Zucker**
- **1 Pck. Vanillin-Zucker**
- **4 Eier (Größe M)**
- **1 Prise Salz**
- **125 g Weizenmehl**
- **125 g Speisestärke**
- **½ gestr. TL Backpulver**

Zum Bestreuen:
- **50 g abgezogene, gehobelte Mandeln**

Für den Guss:
- **50 g gesiebter Puderzucker**
- **4 EL Orangensaft**
- **2 EL Zitronensaft**

Zum Verzieren:
- **etwa 100 g gesiebter Puderzucker**
- **1 EL Zitronensaft**
- **1 EL Orangensaft**
- **etwas gelbe Speisefarbe**

1 Für den Teig Butter zerlassen und kalt stellen. In die erkaltete, wieder etwas fest gewordene Butter Zucker und Vanillin-Zucker geben und mit Handrührgerät mit Rührbesen so lange rühren, bis Butter und Zucker weiß schaumig geworden sind. Nach und nach Eier (jedes Ei etwa 1 Minute) und Salz unterrühren.

2 Mehl mit Speisestärke und Backpulver mischen, sieben und portionsweise auf mittlerer Stufe unterrühren. Den Teig auf ein Backblech (30 x 40 cm, gefettet, gemehlt) geben, glatt streichen und mit Mandeln bestreuen. Das Backblech in den Backofen schieben.

Ober-/Unterhitze:
etwa 180 °C (vorgeheizt)
Heißluft: etwa 160 °C (vorgeheizt)
Gas: Stufe 2–3 (vorgeheizt)
Backzeit: etwa 20 Minuten.

3 Für den Guss Puderzucker mit Orangen- und Zitronensaft verrühren, den noch warmen Kuchen damit bestreichen, einziehen lassen.

4 Zum Verzieren jeweils eine Hälfte des Puderzuckers mit Zitronen- und eine mit Orangensaft so verrühren, dass eine zähflüssige Masse entsteht. Den Orangenguss mit Speisefarbe etwas einfärben. Die beiden Güsse in Pergamentpapiertütchen füllen, das Gebäck damit verzieren und fest werden lassen. Den Kuchen in Schnitten von beliebiger Größe schneiden.

- **Tipp:**
Das Gebäck hält sich gut verpackt mehrere Tage frisch. Ohne Guss ist es gefriergeeignet. Der Teig kann zusätzlich noch mit Orangen- oder Zitronenschale aromatisiert werden.

Thüringer Mohnkuchen

Zubereitungszeit: 30 Min.
Backzeit: 25–30 Min.

Insgesamt: E: 155 g,
F: 230 g, Kh: 705 g,
kJ: 23887, kcal: 5702

Für den Quark-Öl-Teig:
- **300 g Weizenmehl**
- **1 Pck. Backpulver**
- **150 g Speisequark**
- **6 EL Milch**
- **6 EL Speiseöl**
- **75 g Zucker**
- **1 Pck. Vanillin-Zucker**
- **1 Prise Salz**

Für den Belag:
- **250 g gemahlener Mohn**
- **100 ml heißes Wasser**
- **1 Pck. Pudding-Pulver Vanille-Geschmack**
- **50 g Weizengrieß**
- **200 g Zucker**
- **750 ml (¾ l) Milch**
- **50 g Rosinen**
- **½ Pck. Finesse Geriebene Zitronenschale**
- **2 Eigelb (Größe M)**
- **2 Eiweiß (Größe M)**

1 Für den Teig Mehl mit Backpulver mischen und in eine Rührschüssel sieben. Quark, Milch, Öl, Zucker, Vanillin-Zucker und Salz hinzufügen, mit Handrührgerät mit Knethaken auf höchster Stufe in etwa 1 Minute zu einem Teig verarbeiten (nicht zu lange, Teig klebt sonst).

2 Anschließend auf der Arbeitsfläche zu einer Rolle formen. Den Teig auf einem Backblech (30 x 40 cm, gefettet, mit Backpapier belegt) ausrollen.

3 Für den Belag Mohn mit Wasser übergießen und gut abtropfen lassen.

4 Pudding-Pulver mit Grieß und Zucker mischen und mit 8 Esslöffeln von der Milch anrühren. Die übrige Milch zum Kochen bringen, Pudding-Pulver-Mischung unter Rühren in die von der Kochstelle genommene Milch geben. Anschließend kurz aufkochen lassen.

5 Mohn, Rosinen und Zitronenschale unterrühren und die Hälfte davon auf den Teig streichen. Unter den Rest Eigelb rühren. Eiweiß steif schlagen, unterheben und auf die Mohn-Rosinen-Masse streichen. Das Backblech in den Backofen schieben.

Ober-/Unterhitze:
etwa 180 °C (vorgeheizt)
Heißluft: etwa 160 °C
(vorgeheizt)
Gas: Stufe 2–3 (vorgeheizt)
Backzeit: 25–30 Minuten.

6 Das Backblech auf einen Kuchenrost stellen und den Kuchen erkalten lassen.

Thüringer Streuselkuchen

**Zubereitungszeit: 35 Min.,
ohne Teiggeh- und
Kühlzeit
Backzeit: 15–20 Min.**

**Insgesamt: E: 108 g,
F: 304 g, Kh: 705 g,
kJ: 25951, kcal: 6197**

Für den Hefeteig:
- **375 g Weizenmehl**
- **1 Pck. Trockenhefe**
- **50 g Zucker**
- **1 Pck. Vanillin-Zucker**
- **1 Prise Salz**
- **1 Ei (Größe M)**
- **150–200 ml lauwarme
  Milch**
- **50 g zerlassene,
  abgekühlte Butter
  oder Margarine**
- **20 g zerlassene Butter**

Für die Streusel:
- **300 g Weizenmehl**
- **150 g Zucker**
- **1 Pck. Vanillin-Zucker**
- **200 g weiche Butter
  oder Margarine**
- **10 g Kakaopulver**

Zum Beträufeln:
- **125 ml (⅛ l) Milch**
- **60 g Butter**
- **100 g zerlassene Butter**
- **Puderzucker**

1 Für den Teig das Mehl in eine Rührschüssel sieben und mit der Hefe sorgfältig vermischen. Den Zucker, Vanillin-Zucker, Salz, Ei, Milch und Butter (50 g) hinzufügen. Die Zutaten mit Handrührgerät mit Knethaken zunächst auf niedrigster, dann auf höchster Stufe in etwa 5 Minuten zu einem glatten Teig verarbeiten.

2 Den Teig zugedeckt so lange an einem warmen Ort stehen lassen, bis er sich sichtbar vergrößert hat. Den Teig nochmals kurz durchkneten und auf einem Backblech (30 x 40 cm, gefettet) ausrollen. Den Teig mit der Butter (20 g) bestreichen. Vor den Teig einen mehrfach geknickten Streifen Alufolie legen.

3 Für die Streusel das Mehl in eine Rührschüssel sieben. Zucker, Vanillin-Zucker und Butter hinzufügen und mit Handrührgerät mit Knethaken zu Streuseln von gewünschter Größe verarbeiten.

4 Die Hälfte der Streusel auf dem Boden verteilen. Unter die restlichen Streusel den Kakao arbeiten und die Lücken damit füllen, so dass ein schwarz-weißes Muster entsteht. Den Teig nochmals an einem warmen Ort gehen lassen, bis er sich sichtbar vergrößert hat und erst dann das Backblech in den Backofen schieben.

**Ober-/Unterhitze:
etwa200 °C (vorgeheizt)
Heißluft: etwa 180 °C
(vorgeheizt)
Gas: Stufe 3–4 (vorgeheizt)
Backzeit: 15–20 Minuten.**

5 Zum Beträufeln die Milch erhitzen, die Butter (60 g) darin auflösen und den noch heißen Kuchen damit beträufeln, erkalten lassen. Den erkalteten Kuchen mit der zerlassenen Butter bestreichen und mit Puderzucker bestäuben.

- **Tipp:**
Der Teig kann auch mit 3–4 Esslöffeln beliebiger Konfitüre oder Pflaumenmus bestrichen werden, bevor er mit Streuseln belegt wird.

Brownies

Zubereitungszeit: 35 Min., ohne Abkühlzeit
Backzeit: etwa 25 Min.

Insgesamt: E: 108 g, F: 534 g, Kh: 685 g, kJ: 33078, kcal: 7899

Für den All-in-Teig:
- **300 g Weizenmehl**
- **30 g Kakaopulver**
- **3 gestr. TL Backpulver**
- **150 g Rohrzucker (brauner Zucker)**
- **150 g Zucker**
- **1 Pck. Bourbon Vanille-Zucker**
- **½ gestr. TL Salz**
- **4 Eier (Größe M)**
- **300 ml Speiseöl, z. B. Rapsöl**
- **50 ml Schlagsahne**
- **200 g gehackte Walnusskerne**
- **2 Pck. (je 75 g) Schokotropfen**

- **75 g weiße Kuvertüre**

1 Für den Teig Mehl mit Kakao und Backpulver mischen, in eine Rührschüssel sieben. Rohrzucker, Zucker, Vanille-Zucker, Salz, Eier, Speiseöl und Sahne hinzufügen. Die Zutaten mit Handrührgerät mit Rührbesen zunächst kurz auf niedrigster, dann auf höchster Stufe in etwa 1 Minute zu einem glatten Teig verarbeiten. Zuletzt Walnusskerne und Schokotropfen unterrühren.

2 Den Teig auf ein Backblech (30 x 40 cm, gefettet, bemehlt) geben und glatt streichen. Einen Backrahmen darumstellen. Das Backblech in den Backofen schieben.

Ober-/Unterhitze: etwa 180 °C (vorgeheizt)
Heißluft: etwa 160 °C (vorgeheizt)
Gas: Stufe 2–3 (vorgeheizt)
Backzeit: etwa 25 Minuten.

3 Das Backblech auf einen Kuchenrost stellen. Gebäck erkalten lassen. Backrahmen mit Hilfe eines Messers lösen und entfernen. Das Gebäck in Rauten schneiden.

4 Kuvertüre in einem kleinen Topf im Wasserbad zu einer geschmeidigen Masse verrühren. Das Gebäck damit besprenkeln (mit Hilfe eines Teelöffels). Guss trocknen lassen.

■ Tipp:
Anstelle der Schokotropfen können auch 100 g Raspelschokolade verwendet werden. Die Walnusskerne können auch durch Haselnusskerne ersetzt werden.

Die Brownies halten sich gut verpackt 2–3 Wochen frisch.

Hier kommen die rasanten Schnitten vom Blech.

Mit Nuss & Mandelkern

Butter-Nuss-Kuchen

Zubereitungszeit:
30 Min., ohne Teiggehzeit
Backzeit: 25–30 Min.

Insgesamt: E: 83 g,
F: 356 g, Kh: 407 g,
kJ: 21486, kcal: 5137

Für den All-in-Teig:
- 250 g Weizenmehl
- 1 Pck. Trockenhefe
- 100 g gemahlene Haselnusskerne
- 125 g brauner Zucker
- 2 Pck. Vanillin-Zucker
- 1 Prise Salz
- 2 Eier (Größe M)
- 100 g weiche Butter oder Margarine
- 150 ml lauwarme Milch

Für den Belag:
- 50 g Walnusskernhälften oder Pistazienkerne
- 75 g Butter
- 75 g gehobelte Haselnusskerne
- 1 Becher (150 g) Crème fraîche
- 50 g Zucker

1 Für den Teig Mehl in eine Rührschüssel sieben, mit Trockenhefe mischen. Haselnusskerne, Zucker, Vanillin-Zucker, Salz, Eier, Butter oder Margarine und Milch hinzufügen. Die Zutaten mit Handrührgerät mit Knethaken zunächst kurz auf niedrigster, dann auf höchster Stufe in etwa 2 Minuten zu einem zähflüssigen Teig verarbeiten. Den Teig leicht mit Mehl bestäuben und so lange an einem warmen Ort gehen lassen, bis er sich sichtbar vergrößert hat.

2 Den Teig auf ein Backblech (30 x 40 cm, gefettet) geben, mit etwas Mehl bestäuben, mit der bemehlten Handfläche glatt drücken und nochmals mindestens 40 Minuten an einem warmen Ort gehen lassen, bis der Teig sich sichtbar vergrößert hat.

3 Für den Belag Walnusskernhälften oder Pistazienkerne klein hacken. Butter in Flöckchen auf dem Teig verteilen. Gehobelte

(Fortsetzung Seite 98)

Haselnusskerne und gehackte Walnusskernhälften oder Pistazienkerne auf den Teig streuen. Crème fraîche kleckseweise auf dem Nussbelag verteilen. Mit Zucker bestreuen. Das Backblech in den Backofen schieben.

Ober-/Unterhitze: etwa 200 °C (vorgeheizt) Heißluft: etwa 180 °C (vorgeheizt) Gas: Stufe 3–4 (vorgeheizt) Backzeit: 25–30 Minuten.

Walnusshappen

Zubereitungszeit: 25 Min, ohne Kühlzeit
Backzeit: etwa 30 Min.

Insgesamt: E: 97 g, F: 266 g, Kh: 523 g, kJ: 21239, kcal: 5074

Für den Rührteig:
- **200 g weiche Butter oder Margarine**
- **150 g gesiebter Puderzucker**
- **1 Pck. Vanillin-Zucker**
- **1 Prise Salz**
- **1 EL Rum**
- **4 Eier (Größe M)**
- **75 g aufgelöste Zartbitterschokolade**
- **200 g Weizenmehl**
- **1 gestr. TL Backpulver**
- **200 g gehackte Walnusskerne**

Für den Guss:
- **200 g dunkle Kuchenglasur**

Zum Garnieren:
- **Walnusskernhälften**

1 Für den Teig Butter oder Margarine mit Handrührgerät mit Rührbesen auf höchster Stufe geschmeidig rühren. Nach und nach Puderzucker, Vanillin-Zucker, Salz und Rum unterrühren. So lange rühren, bis eine gebundene Masse entstanden ist.

2 Eier nach und nach unterrühren (jedes Ei etwa ½ Minute). Schokolade unterrühren. Mehl und Backpulver mischen, sieben und mit den Walnusskernen unterheben.

3 Den Teig auf ein Backblech (30 x 40 cm, gefettet, mit Backpapier belegt) streichen. Das Backblech in den Backofen schieben.

Ober-/Unterhitze: etwa 180 °C (vorgeheizt) Heißluft: etwa 160°C (vorgeheizt) Gas: Stufe 2–3 (vorgeheizt) Backzeit: etwa 30 Minuten.

4 Das Backblech auf einen Kuchenrost stellen und den Kuchen darauf erkalten lassen.

5 Für den Guss die Kuchenglasur nach Packungsanleitung auflösen, das Gebäck damit überziehen. Die Stücke markieren (3 x 6,5 cm) und mit je einer Walnusskernhälfte belegen. Die Glasur trocknen lassen.

6 Nach dem Abkühlen den Kuchen in Stücke schneiden.

- **Tipp:**
Der Kuchen eignet sich hervorragend zum Einfrieren. Gut verpackt hält er sich mehrere Tage frisch.

Nuss-Rum-Schnitten

Zubereitungszeit: 20 Min.,
ohne Kühlzeit
Backzeit: 20–25 Min.

Insgesamt: E: 119 g,
F: 400 g, Kh: 310 g,
kJ: 23569, kcal: 5629

Für den Rührteig:
- **125 g weiche Butter oder Margarine**
- **125 g Zucker**
- **1 Pck. Vanillin-Zucker**
- **1 Finesse Jamaica-Rum-Aroma**
- **1 Prise Salz**
- **8 Eigelb (Größe M)**
- **300 g gemahlene Haselnusskerne**
- **50 g gehackte Haselnusskerne**
- **1 gestr. TL Backpulver**
- **8 Eiweiß (Größe M)**

Für den Guss:
- **125 g gesiebter Puderzucker**
- **2–3 EL Rum**
- **etwa 30 g gehackte Haselnusskerne**
- **35 g zerlassene Zartbitterschokolade**

1 Für den Teig Butter oder Margarine mit Handrührgerät mit Rührbesen auf höchster Stufe geschmeidig rühren. Nach und nach Zucker, Vanillin-Zucker, Aroma und Salz unterrühren. So lange rühren, bis eine gebundene Masse entstanden ist. Eigelb nach und nach unterrühren (jedes Eigelb knapp ½ Minute).

2 Haselnusskerne mit Backpulver mischen und in drei Portionen auf mittlerer Stufe unterrühren. Eiweiß steif schlagen und unterheben. Den Teig auf ein Backblech (30 x 40 cm, gefettet, mit Backpapier belegt) streichen. Das Backblech in den Backofen schieben.

Ober-/Unterhitze:
etwa 180 °C (vorgeheizt)
Heißluft: etwa 160 °C
(vorgeheizt)
Gas: Stufe 2–3 (vorgeheizt)
Backzeit: 20–25 Minuten.

3 Den Kuchen sofort nach dem Backen auf einen mit Backpapier belegten Kuchenrost stürzen, mitgebackenes Backpapier abziehen, den Kuchen erkalten lassen.

4 Für den Guss Puderzucker mit Rum zu einer dickflüssigen Masse verrühren und den Kuchen damit bestreichen. Mit Haselnusskernen bestreuen und nach Belieben mit zerlassener Schokolade verzieren. Den Kuchen in Stücke schneiden.

■ Tipp:
Die Schnitten sind gut verpackt mehrere Tage haltbar. Sie schmecken am besten, wenn sie einen Tag durchgezogen sind. Statt des Gusses können Sie 200 g Zartbitterschokolade mit 25 g Kokosfett im heißen Wasserbad geschmeidig rühren und den Kuchen damit bestreichen.

Mandel-Schoko-Schnitten

Zubereitungszeit: 25 Min.,
ohne Kühlzeit
Backzeit: 10–15 Min.

Insgesamt: E: 74 g,
F: 162 g, Kh: 338 g,
kJ: 13911, kcal: 3323

Für den Biskuitteig:
- **4 Eier (Größe M)**
- **2–3 EL heißes Wasser**
- **100 g Zucker**
- **1 Pck. Vanillin-Zucker**
- **50 g abgezogene, gemahlene Mandeln**
- **50 g Speisestärke**
- **50 g Semmelbrösel**
- **50 g geriebene Halbbitterschokolade**

Zum Bestreichen:
- **4 EL Aprikosenkonfitüre**
- **2 EL Rum**
- **2 EL Wasser**

Für den Guss:
- **100 g Schokolade**
- **25 g Kokosfett**

Zum Belegen:
- **abgezogene, halbierte Mandeln**
- **25 g Vollmilch-schokolade**

1 Für den Teig Eier und Wasser mit Handrührgerät mit Rührbesen auf höchster Stufe in 1 Minute schaumig schlagen. Zucker und Vanillin-Zucker mischen, in 1 Minute einstreuen, dann noch etwa 2 Minuten schlagen. Mandeln mit gesiebter Speisestärke, Semmelbröseln und Schokolade mischen, die Hälfte davon auf die Eiercreme geben, kurz auf niedrigster Stufe unterrühren. Den Rest des Zutaten-Gemisches auf die gleiche Weise unterarbeiten.

2 Den Teig etwa 1 cm dick auf ein Backblech (30 x 40 cm, gefettet, mit Backpapier belegt) streichen. An der offenen Seite des Blechs das Papier unmittelbar vor dem Teig zur Falte knicken, so dass ein Rand entsteht. Das Backblech in den Backofen schieben.

Ober-/Unterhitze:
etwa 200 °C (vorgeheizt)
Heißluft: etwa 180 °C (vorgeheizt)
Gas: Stufe 3–4 (vorgeheizt)
Backzeit: 10–15 Minuten.

3 Das Backblech auf einen Kuchenrost stellen. Zum Bestreichen Aprikosenkonfitüre durch ein Sieb streichen, mit Rum und Wasser verrühren und aufkochen lassen. Den Biskuit sofort nach dem Backen gleichmäßig damit bestreichen und erkalten lassen.

4 Für den Guss Schokolade in kleine Stücke brechen, mit dem Kokosfett in einem kleinen Topf im Wasserbad bei schwacher Hitze zu einer geschmeidigen Masse verrühren. Auf die Aprikosenschicht streichen, etwas antrocknen lassen und mit einem Messer Vierecke (etwa 5 x 5 cm) in den Schokoladenguss ziehen.

5 Die Vierecke in der Mitte mit Mandeln belegen, solange der Guss noch feucht ist und fest werden lassen. Das Gebäck mit einem in heißes Wasser getauchten, Messer auseinander schneiden.

- **Beilage:**
Schlagsahne.

Nuss-Marzipan-Schnitten

Zubereitungszeit: 30 Min.,
ohne Kühlzeit
Backzeit: etwa 25 Min.

Insgesamt: E: 179 g,
F: 636 g, Kh: 871 g,
kJ: 43265, kcal: 10335

Für den Rührteig:
- **300 g weiche Butter oder Margarine**
- **300 g gesiebter Puderzucker**
- **1 Pck. Vanillin-Zucker**
- **8 Eigelb (Größe M)**
- **3 EL Rum**
- **200 g Zartbitter-schokolade**
- **200 g gemahlene Haselnusskerne**
- **160 g Weizenmehl**
- **1 TL Backpulver**
- **8 Eiweiß (Größe M)**

Zum Bestreichen:
- **4 EL Aprikosenkonfitüre**
- **3 EL Rum**

Zum Belegen:
- **400 g Marzipan-Rohmasse**

Für den Guss:
- **150 g dunkle Kuchenglasur**

1 Für den Teig Butter oder Margarine mit Handrührgerät mit Rührbesen auf höchster Stufe geschmeidig rühren. Nach und nach Puderzucker und Vanillin-Zucker unterrühren. So lange rühren, bis eine gebundene Masse entstanden ist. Eigelb und Rum nach und nach unterrühren (jedes Eigelb knapp ½ Minute). Schokolade auflösen und Mehl und Backpulver mischen, sieben, mit den Haselnusskernen portionsweise auf mittlerer Stufe unter den Teig rühren. Eiweiß steif schlagen und unterheben.

2 Den Teig auf ein Backblech (30 x 40 cm, gefettet, mit Backpapier belegt) streichen. Das Backblech in den Backofen schieben.

Ober-/Unterhitze:
etwa 180 °C (vorgeheizt)
Heißluft: etwa 160 °C
(vorgeheizt)
Gas: Stufe 2–3 (vorgeheizt)
Backzeit: etwa 25 Minuten.

3 Das Backblech auf einen Kuchenrost stellen, den Kuchen erkalten lassen. Zum Bestreichen Konfitüre durch ein Sieb streichen, mit Rum erwärmen, glatt rühren und auf den Kuchen streichen.

4 Zum Belegen Marzipan-Rohmasse verkneten, zwischen Frischhaltefolie (oder aufgeschnittenen Gefrierbeuteln) in der Größe des Kuchens ausrollen und darauf legen.

5 Für den Guss Kuchenglasur nach Packungsanleitung auflösen und den Kuchen damit bestreichen.

Tipp:
Anstelle der gemahlenen Haselnusskerne können auch sehr gut gehackte Haselnusskerne untergehoben werden. Sehr lecker schmecken die Schnitten auch mit gemahlenen, nicht abgezogenen Mandeln. Gut verpackt hält der Kuchen mehrere Tage frisch, lässt sich auch sehr gut einfrieren.

Süsse Schnitten

**Zubereitungszeit: 50 Min.,
ohne Kühlzeit
Backzeit: etwa 20 Min.**

**Insgesamt: E: 92 g,
F: 283 g, Kh: 864 g,
kJ: 27330, kcal: 6526**

Für den Rührteig:
- **175 g weiche Butter
  oder Margarine**
- **250 g brauner Zucker**
- **1 Pck. Vanillin-Zucker**
- **2 Eigelb (Größe M)**
- **250 g Weizenmehl**
- **2 gestr. TL Backpulver**
- **100 ml Schlagsahne**
- **1 TL gemahlener Zimt**
- **100 g grob gehackte
  Walnusskerne**
- **2 Eiweiß (Größe M)**

Zum Aprikotieren:
- **300 g Aprikosen-
  konfitüre**

Zum Belegen:
- **200 g Marzipan-
  Rohmasse**
- **150 g gesiebter
  Puderzucker**
- **1 Pck. Finesse Jamaica-
  Rum-Aroma**

Zum Einfärben:
- **Speisefarbe blau,
  rot, grün**

Zum Garnieren:
- **Walnusskerne**
- **Zuckerschrift**

1 Für den Teig Butter oder Margarine mit Handrührgerät mit Rührbesen auf höchster Stufe geschmeidig rühren. Nach und nach Zucker und Vanillin-Zucker unterrühren. So lange rühren, bis eine gebundene Masse entstanden ist. Eigelb nach und nach unterrühren (jedes Eigelb knapp ½ Minute).

2 Mehl mit Backpulver mischen, sieben und abwechselnd portionsweise mit der Sahne auf mittlerer Stufe unterrühren. Zimt und Walnusskerne unterrühren.

3 Eiweiß steif schlagen und unterheben. Den Teig auf ein Backblech (30 x 40 cm, gefettet, mit Backpapier belegt) streichen. Das Backblech in den Backofen schieben.

**Ober-/Unterhitze:
etwa 180 °C (vorgeheizt)
Heißluft:
etwa 160 °C (vorgeheizt)
Gas: Stufe 2–3 (vorgeheizt)
Backzeit: etwa 20 Minuten.**

4 Den Kuchen auf einen mit Backpapier belegten Kuchenrost stürzen und abkühlen lassen. Das Gebäck in etwa 4 x 8 cm große Rechtecke schneiden.

5 Zum Aprikotieren Konfitüre durch ein Sieb streichen, erwärmen und das Gebäck damit bestreichen.

6 Zum Belegen Marzipan mit Puderzucker und Aroma verkneten, in 3 Portionen teilen und einfärben. Marzipan zwischen Klarsichtfolie dünn ausrollen, ebenfalls in 4 x 8 cm große Rechtecke schneiden. Die Gebäckstücke jeweils mit blauem, rotem und grünem Marzipan belegen. Die Schnitten mit Walnusshälften und Zuckerschrift verzieren und garnieren.

- **Tipp:**
Für Kinder statt des Rum-Aromas 2 Esslöffel Orangensaft verwenden. Hält sich gut verpackt mehrere Tage frisch. Mindestens 1 Tag durchziehen lassen. Gut schmecken die Schnitten, wenn zusätzlich noch 1 klein geschnittene Banane hinzugefügt wird.

Nuss-Schnitten

Zubereitungszeit: 45 Min.,
ohne Kühlzeit
Backzeit: 12–15 Min.

Insgesamt: E: 111 g,
F: 464 g, Kh: 302 g,
kJ: 25192, kcal: 6019

Für den Biskuitteig:
- **6 Eier (Größe M)**
- **150 g Zucker**
- **1 Pck. Vanillin-Zucker**
- **1 Prise Salz**
- **½ TL gemahlener Zimt**
- **1 geh. EL Weizenmehl**
- **1 gestr. TL Backpulver**
- **250 g gemahlene Haselnusskerne**

Für die Füllung:
- **750 ml (¾ l) Schlagsahne**
- **1 TL Zucker**
- **3 Pck. Sahnesteif**
- **1 Pck. Vanillin-Zucker**
- **100 g Zartbitterschokolade**

Zum Garnieren:
- **Schokoladenraspel**
- **Haselnusskerne oder Walnusskernhälften**

1 Für den Teig Eier mit Handrührgerät mit Rührbesen auf höchster Stufe in 1 Minute schaumig schlagen. Zucker, Vanillin-Zucker, Salz und Zimt mischen, in 1 Minute einstreuen, dann noch etwa 2 Minuten schlagen.

2 Mehl mit Backpulver mischen, sieben, mit Haselnusskernen mischen, die Hälfte davon auf die Eiercreme geben, kurz auf niedrigster Stufe unterrühren. Den Rest des Nuss-Mehl-Gemisches auf die gleiche Weise unterarbeiten.

3 Den Teig auf ein Backblech (30 x 40 cm, gefettet, mit Backpapier belegt) streichen. An der offenen Seite des Bleches das Papier unmittelbar vor dem Teig zur Falte knicken, so dass ein Rand entsteht. Das Backblech in den Backofen schieben.

Ober-/Unterhitze:
etwa 200 °C (vorgeheizt)
Heißluft: etwa 180 °C
(vorgeheizt)
Gas: Stufe 3–4 (vorgeheizt)
Backzeit: 12–15 Minuten.

4 Den Biskuit sofort nach dem Backen auf ein mit Zucker bestreutes Geschirrtuch stürzen. Das Backpapier abziehen. Die Gebäckplatte erkalten lassen und halbieren.

5 Für die Füllung Sahne mit Zucker, Sahnesteif und Vanillin-Zucker steif schlagen. Schokolade sehr fein schneiden, unter gut die Hälfte der Schlagsahne heben und die Schokoladensahne auf eine Gebäckplatte streichen, mit der zweiten Gebäckplatte bedecken, mit gut der Hälfte der restlichen Schlagsahne bestreichen.

6 Auf der Schlagsahne mit einem Messer Schnitten markieren. Restliche Schlagsahne in einen Spritzbeutel mit Sterntülle füllen, die Nuss-Schnitten damit verzieren und mit Schokoladenraspeln, Haselnusskernen oder Walnusshälften garnieren. Einige Stunden in den Kühlschrank stellen, erst dann die markierten Nuss-Schnitten schneiden.

Umgedrehter Ahornsirup-Nuss-Kuchen

Zubereitungszeit: 40 Min.
Backzeit: etwa 25 Min.

Insgesamt: E: 98 g,
F: 411 g, Kh: 596 g,
kJ: 28177, kcal: 6731

- **100 g Butter**
- **75 g Rohrzucker**
- **100 ml Ahornsirup**
- **250 g gemischte, grob gehackte Nüsse, z.B. Cashew-Kerne, Walnüsse, Haselnüsse**

Für den Rührteig:

- **200 g weiche Butter oder Margarine**
- **150 g Rohrzucker**
- **1 Pck. Vanillin-Zucker**
- **1 Pck. Finesse Geriebene Zitronenschale**
- **1 Prise Salz**
- **3 Eier (Größe M)**
- **250 g Weizenmehl**
- **2 gestr. TL Backpulver**
- **150 g Joghurt**

Zum Aprikotieren:

- **4 geh. EL Aprikosen-konfitüre**
- **2 EL Rum**

1 Butter in einem Topf zerlassen, Rohrzucker und Ahornsirup hinzufügen und schmelzen lassen. Nüsse unterrühren und die Masse etwas abkühlen lassen. Einen Backrahmen (25 x 30 cm) auf ²/₃ eines gefetteten, mit Backpapier belegten Backbleches stellen, die Masse auf das Backblech streichen.

2 Für den Teig Butter oder Margarine mit Hand-rührgerät auf höchster Stufe mit Rührbesen auf höchster Stufe geschmeidig rühren. Nach und nach Zucker, Vanil-lin-Zucker, Zitronenschale und Salz hinzufügen und so lange rühren, bis eine gebun-dene Masse entstanden ist.

3 Eier nach und nach unterrühren (jedes Ei etwa ½ Minute).

4 Weizenmehl mit Back-pulver mischen, sieben, in 2 Portionen auf mittlerer Stufe unterrühren. Zum Schluss Joghurt unterrühren.

5 Den Teig auf der Nuss-masse verteilen, das Backblech in den Backofen schieben.

Ober-/Unterhitze:
etwa 180° C (vorgeheizt)
Heißluft:
etwa 160 °C (vorgeheizt)
Gas: Stufe 2–3 (vorgeheizt)
Backzeit: etwa 25 Minuten.

6 Den Kuchen am Rand mit einem Messer lösen. Backrahmen entfernen und den Kuchen mit dem Back-papier umgedreht auf ein genügend großes Stück Alufolie stürzen. Backpapier abziehen.

7 Zum Aprikotieren die Aprikosenkonfitüre durch ein Sieb streichen, etwas einkochen lassen. Rum unterrühren. Den warmen Kuchen damit bestreichen, erkalten lassen.

- **Tipp:**
Der Kuchen hält sich mehrere Tage frisch. Der Rum zum Aprikotieren kann durch Wasser oder Zitronensaft ersetzt werden.

110   **Mit Nuss & Mandelkern**   **RAFFINIERT**

Russischer Honigkuchen

Zubereitungszeit: 60 Min.,
ohne Einweichzeit der
Früchte
Backzeit: etwa 30 Min.

Insgesamt: E: 86 g,
F: 303 g, Kh: 950 g,
kJ: 31883, kcal: 7621

Für die Vorarbeit:
- **75 g Rosinen**
- **75 g Korinthen**
- **4 EL Wodka**

Für den Teig:
- **250 g Honig**
- **80 g Zucker**
- **1 Pck. Vanillin-Zucker**
- **125 g Butter**
  oder Margarine
- **100 g Schweineschmalz**
- **2 Eier (Größe M)**
- **je 1 gestr. TL Zimt,**
  Nelken, Kardamom
  (alles gemahlen)
- **6 Tropfen Bittermandel-**
  Aroma
- **1 Fl. Rum-Aroma**
- **375 g Weizenmehl**
- **20 g Kakaopulver**
- **4 gestr. TL Backpulver**
- **125 ml (1/8 l) Milch**
- **100 g gehackte**
  Walnusskerne
- **je 50 g fein gehacktes**
  Zitronat und Orangeat

Zum Tränken:
- **100 ml Wasser**
- **80 g Zucker**
- **3 EL Wodka**

Für den Guss:
- **100 g gesiebter**
  Puderzucker
- **2–3 EL Wodka**

- **Walnusskernhälften**

1 Für die Vorarbeit Rosinen und Korinthen in Wodka einweichen (am besten über Nacht).

2 Für den Teig Honig, Zucker, Vanillin-Zucker, Butter oder Margarine und Schweineschmalz unter Rühren langsam erwärmen, zerlassen, in eine Schüssel geben, kalt stellen. Unter die fast erkaltete Masse Eier, Zimt, Nelken, Kardamom und Aromen rühren.

3 Mehl mit Kakao und Backpulver mischen, sieben, portionsweise nach und nach abwechselnd mit der Milch unterrühren.

4 Eingeweichte Rosinen und Korinthen mit Walnusskernen, Zitronat und Orangeat unter den Teig rühren. Teig auf ein gefettetes Backblech (30 x 40 cm) streichen. Backblech in den Backofen schieben.

Ober-/Unterhitze:
etwa 180 °C (vorgeheizt)
Heißluft: etwa 160 °C
(vorgeheizt)
Gas: Stufe 2–3 (vorgeheizt)
Backzeit: etwa 30 Minuten.

5 Honigkuchen sofort nach dem Backen tränken. Dazu Wasser und Zucker unter Rühren etwas einkochen lassen, Wodka unterrühren. Honigkuchen mit Hilfe eines Pinsels damit bestreichen, abkühlen lassen.

6 Für den Guss Puderzucker mit Wodka zu einer dünnflüssigen Masse verrühren. Gebäck damit bestreichen, mit Walnusskernhälften garnieren.

- **Tipp:**

Russischer Honigkuchen hält sich verpackt in Alufolie etwa 2 Wochen frisch.

Blondes Blech

Zubereitungszeit: 40 Min.
Backzeit: etwa 30 Min.

Insgesamt: E: 127 g,
F: 633 g, Kh: 680 g,
kJ: 39062, kcal: 9328

Für den Rührteig:

- **200 g weiche Butter oder Margarine**
- **200 g Zucker**
- **1 Pck. Vanillin-Zucker**
- **1 Beutel Jamaica Rum-Aroma**
- **1 Prise Salz**
- **8 Eigelb (Größe M)**
- **50 g gehackte Haselnusskerne**
- **300 g gemahlene Haselnusskerne**
- **1 gestr. TL Backpulver**
- **100 g Zartbitter-schokolade**
- **8 Eiweiß (Größe M)**

Für den Belag:

- **1 Glas Wildpreiselbeer-konfitüre (Füllgewicht 440 g)**
- **500–600 ml Schlagsahne**
- **1 Pck. Vanillin-Zucker**
- **2 Pck. Sahnesteif**
- **100 ml Eierlikör**
- **1 Pck. Dessertsauce Vanille-Geschmack (ohne Kochen)**

1 Für den Teig Butter oder Margarine mit Handrührgerät mit Rührbesen auf höchster Stufe geschmeidig rühren, nach und nach Zucker und Vanillin-Zucker unterrühren, so lange rühren, bis eine gebundene Masse entstanden ist. Rum-Aroma und Salz unterrühren.

2 Eigelb nacheinander (jedes Eigelb knapp ½ Minute) unterrühren. Haselnüsse mit dem Backpulver mischen, zusammen mit der geraspelten Schokolade portionsweise unter den Teig rühren.

3 Eiweiß steif schlagen, unterheben. Teig auf ein gefettes Backblech (30 x 40 cm) streichen, in den Backofen schieben.

Ober-/Unterhitze:
etwa 180 °C (vorgeheizt)
Heißluft: etwa 160 °C
(vorgeheizt)
Gas: Stufe 2–3 (vorgeheizt)
Backzeit: etwa 30 Minuten.

4 Für den Belag nach dem Backen sofort die Preiselbeerkonfitüre auf dem heißen Boden verstreichen. Das Backblech auf einen Kuchenrost stellen, den Kuchen erkalten lassen.

5 Sahne mit Vanillin-Zucker und Sahnesteif steif schlagen. Sahne auf den Kuchen streichen und mit einem Teelöffel Spitzen ziehen. Eierlikör mit Dessertsaucenpulver kurz verrühren und diagonal über den Kuchen sprenkeln.

■ Abwandlung:
Der Kuchen schmeckt auch sehr gut mit frischen Himbeeren.

■ Tipp:
Der Boden kann sehr gut am Vortag zubereitet werden und ohne Eierlikör auch eingefroren werden.

Mit Nuss & Mandelkern   RAFFINIERT–FÜR GÄSTE

Lavakuchen

**Zubereitungszeit: 50 Min.,
ohne Kühlzeit
Backzeit: etwa 30 Min.**

**Insgesamt: E: 115 g,
F: 333 g, Kh: 712 g,
kJ: 27374, kcal: 6534**

Für die Streusel:
- 100 g Walnusskerne
- 250 g Weizenmehl
- ½ gestr. TL Backpulver
- 50 g gemahlener Mohn
- 70 g Zucker
- 1 Pck. Vanillin-Zucker
- 1 Prise Salz
- 150 g Butter
  oder Margarine
- 100 g Blockschokolade,
  in Würfel geschnitten
  oder Schokoplättchen

Für den Rührteig:
- 150 g weiche Butter
  oder Margarine
- 100 g Zucker
- 1 Pck. Vanillin-Zucker
- 4 Eier (Größe M)
- 200 g Weizenmehl
- 2 gestr. TL Backpulver

Für die Füllung:
- 3 reife Mangos
  (etwa 700 g
  Fruchtfleisch)
- 1 EL Zucker

1 Für die Streusel Walnusskerne hacken. Mehl mit Backpulver mischen und in eine Rührschüssel sieben. Mit Mohn, Zucker, Vanillin-Zucker und Salz mischen. Butter oder Margarine hinzufügen. Die Zutaten mit Handrührgerät mit Rührbesen zu Streuseln von gewünschter Größe verarbeiten. Zuletzt Walnusskerne und Blockschokolade oder Schokoplättchen unterarbeiten. Den Streuselteig kalt stellen.

2 Für den Rührteig Butter oder Margarine mit Handrührgerät mit Rührbesen auf höchster Stufe geschmeidig rühren. Nach und nach Zucker und Vanillin-Zucker unterrühren. So lange rühren, bis eine gebundene Masse entstanden ist.

3 Eier nach und nach unterrühren (jedes Ei etwa ½ Minute). Mehl mit Backpulver mischen, sieben, portionsweise auf mittlerer Stufe unterrühren.

4 Den Teig auf ein Backblech (30 x 40 cm, gefettet) geben und glatt streichen.

5 Für die Füllung die Mangos schälen, das Fruchtfleisch vom Stein lösen und in Würfel schneiden. Mangowürfel mit Zucker mischen und auf dem Teig verteilen. Die Streusel darauf geben. Das Backblech in den Backofen schieben.

**Ober-/Unterhitze:
etwa 200 °C (vorgeheizt)
Heißluft: etwa 180 °C
(vorgeheizt)
Gas: Stufe 3–4 (vorgeheizt)
Backzeit: etwa 30 Minuten.**

6 Das Backblech auf einen Kuchenrost stellen. Den Kuchen erkalten lassen und in Stücke schneiden.

Erdnuss-Butter-Kuchen

**Zubereitungszeit: 60 Min,
ohne Teiggeh- und
Abkühlzeit
Backzeit: etwa 25 Min.**

**Insgesamt: E: 149 g,
F: 455 g, Kh: 555 g,
kJ: 29818, kcal: 7123**

Für den Hefeteig:
- **350 g Weizenmehl
  (Type 550)**
- **½ Pck. (21 g) frische Hefe**
- **50 g Zucker**
- **200 ml lauwarme Milch**
- **50 g weiche Butter
  oder Margarine**

Für den Belag:
- **150 g weiche Butter
  oder Margarine**
- **80 g Zucker**
- **1 Pck. Vanillin-Zucker**
- **200 g geröstete Erd-
  nusskerne (ohne Salz)**

Für die Füllung:
- **500 ml (½ l) Milch**
- **1 Pck. Pudding-Pulver
  Vanille-Geschmack**
- **3–4 EL Zucker**
- **150 g Erdnusscreme
  mit Stückchen**
- **100 g weiche Butter
  oder Margarine**
- **1 Pck. Vanillin-Zucker**

1 Für den Teig Mehl in
eine Schüssel sieben. In
die Mitte eine Vertiefung drücken. Hefe hineinbröckeln,
Zucker und etwas von der

Milch hinzufügen. Mit einer
Gabel vorsichtig verrühren
und etwa 10 Minuten stehen
lassen.

2 Butter oder Margarine
und restliche Milch hin-
zufügen. Die Zutaten mit
Handrührgerät mit Knetha-
ken zunächst auf niedrigster,
dann auf höchster Stufe in
etwa 5 Minuten zu einem Teig
verarbeiten. Den Teig zugedeckt so lange an einem warmen Ort gehen lassen, bis er
sich sichtbar vergrößert hat.

3 Den gegangenen Teig
leicht mit Mehl be-
stäuben, aus der Schüssel
nehmen und auf einer
bemehlten Arbeitsfläche
nochmals kurz durchkneten.
Den Teig auf einem Back-
blech (30 x 40 cm, gefettet)
ausrollen.

4 Für den Belag Butter
oder Margarine, Zucker
und Vanillin-Zucker mit
Handrührgerät mit Rühr-
besen geschmeidig rühren.
Erdnusskerne grob zerklei-
nern und unterrühren. Die
Masse mit einem Teelöffel
häufchenweise auf dem Teig
verteilen.

5 Den Teig nochmals
zugedeckt so lange an
einem warmen Ort stehen
lassen, bis er sich sichtbar

vergrößert hat. Das Backblech
in den Backofen schieben.

**Ober/Unterhitze:
200–220 °C (vorgeheizt)
Heißluft:
180–200 °C (vorgeheizt)
Gas:
etwa Stufe 4 (vorgeheizt)
Backzeit: etwa 25 Minuten.**

6 Das Backblech auf einen
Kuchen rost stellen. Den
Kuchen erkalten lassen.

7 Für die Füllung aus
Milch, Pudding-Pulver
und Zucker nach Packungs-
anleitung einen Pudding
zubereiten. Den Pudding
unter Rühren mindestens 1
Minute kochen lassen. Den
Pudding von der Kochstelle
nehmen und die Erdnuss-
creme unterrühren. Klar-
sichtfolie direkt auf die Puddingcreme legen und erkalten lassen.

8 Butter oder Margarine
und Vanillin-Zucker mit
Handrührgerät mit Rühr-
besen geschmeidig rühren.
Die Puddingcreme esslöffel-
weise unterrühren.

9 Den Kuchen zunächst
quer halbieren. Dann
die Hälften noch einmal waagerecht durchschneiden. Mit
der Creme füllen. Den Ku-
chen kalt stellen.

118 **Mit Nuss & Mandelkern**   **ETWAS AUFWÄNDIGER**

Sanddornkuchen mit Baiser

**Zubereitungszeit: 60 Min.,
ohne Abkühlzeit
Backzeit: 30–40 Min.**

**Insgesamt: E: 88 g,
F: 299 g, Kh: 603 g,
kJ: 23483, kcal: 5608**

Für die Streusel:
- **250 g Weizenmehl**
- **½ gestr. TL Backpulver**
- **100 g Zucker**
- **1 Pck. Vanillin-Zucker**
- **1 Prise Salz**
- **2 Eigelb (Größe M)**
- **125 g Butter
  oder Margarine**

Für den Belag:
- **2 Pck. Pudding-Pulver
  Sahne-Geschmack**
- **250 ml (¼ l) Schlagsahne**
- **2 Eigelb (Größe M)**
- **30 g Zucker**
- **300 ml Sanddorn-
  Vollfrucht
  mit Rohrzucker gesüßt**
- **450 ml Wasser**

Zum Bestreuen:
- **130 g gehobelte
  Haselnusskerne**

Für das Baiser:
- **6 Eiweiß (Größe M)**
- **180 g Zucker**

1 Für die Streusel Mehl mit Backpulver mischen und in eine Rührschüssel sieben, mit Zucker, Vanillin-Zucker und Salz mischen. Eigelb und Butter oder Margarine hinzufügen. Die Zutaten mit Handrührgerät mit Rührbesen zu kleinen Streuseln verarbeiten. Streusel auf einem Backblech (30 x 40 cm, gefettet) verteilen und andrücken.

2 Das Backblech in den Backofen schieben und den Boden vorbacken.

**Ober-/Unterhitze:
etwa 200 °C (vorgeheizt)
Heißluft: etwa 180 °C
(vorgeheizt)
Gas: Stufe 3–4 (vorgeheizt)
Backzeit: 10–15 Minuten.**

3 Das Backblech auf einen Kuchenrost stellen.

4 Für den Belag Pudding-Pulver, Sahne, Eigelb und Zucker verrühren. Sanddorn-Vollfrucht und Wasser zum Kochen bringen. Angerührtes Pudding-Pulver unter Rühren in die von der Kochstelle genommene Flüssigkeit geben, aufkochen und etwa 1 Minute kochen lassen. Den Pudding klecksweise auf den vorgebackenen Boden geben und glatt streichen. 100 g von den Haselnusskernen darauf streuen. Die Puddingmasse lauwarm abkühlen lassen.

5 Für das Baiser Eiweiß mit Handrührgerät mit Rührbesen auf höchster Stufe steif schlagen. Der Schnee muss so fest sein, dass ein Messerschnitt sichtbar bleibt. Nach und nach Zucker unterschlagen. Die Eischneemasse wellenartig auf den Pudding streichen. Die restlichen Haselnusskerne darauf streuen. Das Backblech in den Backofen schieben und den Kuchen fertig backen.

**Ober-/Unterhitze:
etwa 200 °C (vorgeheizt)
Heißluft: etwa 180 °C
(vorgeheizt)
Gas: Stufe 3–4 (vorgeheizt)
Backzeit: 20–25 Minuten.**

6 Das Backblech auf einen Kuchenrost stellen. Den Kuchen erkalten lassen.

■ Tipp:
Für den Pudding kann anstelle von Sanddorn-Vollfrucht und Wasser auch 750 ml Sanddornsaft oder -nektar verwendet werden, dann evtl. etwas Zucker hinzufügen.

Ovomaltine-Kuchen

Zubereitungszeit: 45 Min.
Backzeit: 20–25 Min.

Insgesamt: E: 97 g,
F: 287 g, Kh: 769 g,
kJ: 26064, kcal: 6222

Für den All-in-Teig:
- **300 g Weizenmehl**
- **1 Pck. Backpulver**
- **120 g Ovomaltine**
  (Kakao-Malz-
  Getränkepulver)
- **120 g Zucker**
- **4 Eier (Größe M)**
- **250 g weiche Butter**
  oder Margarine
- **125 ml (⅛ l) Milch**

Für den Belag:
- **100 g gehackte**
  Cashewkerne
- **3 EL Zitronensaft**
- **150 g Zucker**
- **2 EL (60 g) flüssiger**
  Honig
- **70 g knusprig gerösteter**
  Weizen (Frühstücks-
  cerealien)

- **50 g Aprikosenkonfitüre**

1 Für den Teig Mehl mit Backpulver mischen und in eine Rührschüssel sieben. Ovomaltine, Zucker, Eier, Butter oder Margarine und Milch hinzufügen. Die Zutaten mit Handrührgerät mit Rührbesen auf höchster Stufe in etwa 2 Minuten zu einem glatten Teig verarbeiten.

2 Den Teig auf ein Backblech (30 x 40 cm, gefettet) geben und glatt streichen. Das Backblech in den Backofen schieben.

Ober-/Unterhitze:
etwa 200 °C (vorgeheizt)
Heißluft: etwa 180 °C
(vorgeheizt)
Gas: Stufe 3–4 (vorgeheizt)
Backzeit: 20–25 Minuten.

3 Das Backblech auf einen Kuchenrost stellen. Den Kuchen erkalten lassen.

4 Für den Belag die Cashewkerne auf ein Backblech geben und bei der oben angegebenen Backofeneinstellung unter mehrmaligem Wenden etwa 10 Minuten goldbraun rösten.

5 Den Kuchen in Stücke schneiden oder die Stücke auf der Kuchenoberfläche nur markieren.

6 Zitronensaft, Zucker und Honig in einen breiten Topf geben, zum Kochen bringen und bei mittlerer Hitze unter Rühren hellbraun karamellisieren lassen. Cashewkerne und knusprig gerösteten Weizen unterheben. Die Hälfte der heißen Karamell-Nuss-Masse mit zwei geölten Löffeln möglichst schnell auf die Kuchenstücke verteilen, dabei den Topf bei schwacher Hitze auf der Kochstelle stehen lassen, damit der Karamell nicht zu schnell fest wird (oder den Karamell, wie unter Punkt 7 beschrieben auf Backpapier geben). Karamellmasse erkalten lassen.

7 Die restliche heiße Karamell-Nuss-Masse auf ein Stück Backpapier (etwa in Backblechgröße) verteilen, abkühlen. Aprikosenkonfitüre erhitzen, die Karamellmasse in Stücke brechen und mit der Konfitüre auf die Kuchenstücke kleben.

Schokoladen-Nuss-Streifen

Zubereitungszeit: 50 Min., ohne Abkühlzeit
Backzeit: 25–30 Min.

Insgesamt: E: 113 g, F: 370 g, Kh: 974 g, kJ: 32145, kcal: 7674

Für den Teig:
- **200 g flüssiger Honig**
- **250 g Zucker**
- **1 Pck. Vanillin-Zucker**
- **125 g Butter oder Margarine**
- **2 Eier (Größe M)**
- **4–5 EL Milch**
- **½ Fläschchen Zitronen-Aroma**
- **1 gestr. TL gemahlener Zimt**
- **1 Msp. gemahlene Nelken**
- **2 geh. EL gesiebtes Kakaopulver oder geriebene Zartbitterschokolade**
- **400 g Weizenmehl**
- **1 Pck. Pudding-Pulver Schokolade**
- **3 gestr. TL Backpulver**
- **375 g grob gehackte Haselnusskerne**

Für den Guss:
- **200 g gesiebter Puderzucker**
- **1 EL Weinbrand**
- **3 EL heiße Milch**

1 Für den Teig Honig mit Zucker, Vanillin-Zucker und Butter oder Margarine in einem Topf langsam erwärmen, zerlassen und in eine Rührschüssel geben. Masse erkalten lassen.

2 Unter die erkaltete Masse nach und nach Eier, Milch, Aroma, Zimt, Nelken und Kakao oder Schokolade rühren.

3 Mehl mit Pudding-Pulver und Backpulver mischen, sieben, portionsweise auf mittlerer Stufe unterrühren. Haselnusskerne hinzufügen.

4 Den Teig auf ein Backblech (30 x 40 cm, gefettet) geben und glatt streichen. Den Teig mit Wasser bestreichen. Das Backblech in den Backofen schieben.

Ober-/Unterhitze: etwa 180 °C (vorgeheizt)
Heißluft: etwa 160 °C (vorgeheizt)
Gas: Stufe 2–3 (vorgeheizt)
Backzeit: 25–30 Minuten.

5 Das Backblech auf einen Kuchenrost stellen.

6 Für den Guss Puderzucker mit Weinbrand und Milch zu einer dickflüssigen Masse verrühren. Die warme Gebäckplatte damit bestreichen und erkalten lassen. Gebäckplatte in etwa 2 x 6 cm große Streifen schneiden.

Mit Nuss & Mandelkern

EINFACH

Bei diesen leckeren Blechkuchen kommen kleine und große Kinder voll auf ihre Kosten.

Hits für Kids

Fliesenkuchen

Zubereitungszeit: 50 Min.
Backzeit: etwa 20 Min.

Insgesamt: E: 112 g,
F: 464 g, Kh: 746 g,
kJ: 32759, kcal: 7827

Für den Rührteig:
- **150 g weiche Butter oder Margarine**
- **150 g Zucker**
- **1 Pck. Vanillin-Zucker**
- **1 Prise Salz**
- **3 Eier (Größe M)**
- **200 g Weizenmehl**
- **2 gestr. TL Backpulver**

Für die Puddingcreme:
- **2 Eier (Größe M)**
- **2 Pck. Pudding-Pulver Vanille-Geschmack**
- **50 g Zucker**
- **500 ml (½ l) Milch**
- **250 ml (¼ l) Schlagsahne**

- **600 ml Schlagsahne**
- **4–5 EL Zitronensaft**
- **3 Pck. Vanillin-Zucker**
- **3 Pck. Sahnesteif**
- **etwa 30 Butterkekse**

Für den Guss:
- **100 g gesiebter Puderzucker**
- **1 EL Wasser oder Zitronensaft**

1 Für den Teig Butter oder Margarine mit Handrührgerät mit Rührbesen auf höchster Stufe geschmeidig rühren. Nach und nach Zucker, Vanillin-Zucker und Salz unterrühren, so lange rühren, bis eine gebundene Masse entstanden ist.

2 Die Eier nach und nach unterrühren (jedes Ei etwa ½ Minute). Mehl und Backpulver mischen, sieben und portionsweise auf mittlerer Stufe unterrühren. Einen Backrahmen auf ein gefettetes Backblech (30 x 40 cm) stellen, den Teig auf das Backblech streichen, in den Backofen schieben.

Ober-/Unterhitze:
etwa 180 °C (vorgeheizt)
Heißluft: etwa 160 °C (vorgeheizt)
Gas: Stufe 2–3 (vorgeheizt)
Backzeit: etwa 20 Minuten.

3 Die Eier trennen. Für die Puddingcreme Pudding-Pulver mit Zucker mischen und mit etwas Milch und dem Eigelb anrühren. Die übrige Milch mit der Sahne

(Fortsetzung Seite 128)

126 **Hits für Kids**

FÜR GÄSTE

zum Kochen bringen. Das angerührte Pudding-Pulver hinzufügen und unter Rühren zum Kochen bringen, gut aufkochen lassen.

4 Das Eiweiß steif schlagen und sofort unterheben. Die Puddingcreme auf dem noch warmen Kuchen verteilen und auf einen Kuchenrost stellen, erkalten lassen.

5 Die Sahne kurz anschlagen, dann Zitronensaft, Vanillin-Zucker und Sahnesteif unterrühren und die Sahne ganz steif schlagen.

Auf der Puddingcreme verteilen, glatt streichen und mit Butterkeksen belegen.

6 Für den Guss Puderzucker mit Wasser oder Zitronensaft verrühren. Kekse in der Mitte mit Guss bestreichen.

Apfelschnitten

Zubereitungszeit: 35 Min., ohne Kühlzeit
Backzeit: 40–50 Min.

Insgesamt: E: 119 g, F: 381 g, Kh: 855 g, kJ: 31700, kcal: 7569

Für den Rührteig:
- **350 g weiche Butter oder Margarine**
- **350 g gesiebter Puderzucker**
- **6 Eier (Größe M)**
- **2 Pck. Vanillin-Zucker**
- **2½ TL gemahlener Zimt**
- **60 g Kakaopulver**
- **750 g Äpfel**
- **350 g Weizenmehl**
- **1 Pck. Backpulver**

Für den Guss:
- **200 g dunkle Kuchenglasur**

Zum Bestreuen:
- **abgezogene, gestiftelte Mandeln**

1 Für den Teig Butter oder Margarine mit Handrührgerät mit Rührbesen auf höchster Stufe geschmeidig rühren. Nach und nach Puderzucker unterrühren. So lange rühren, bis eine gebundene Masse entstanden ist.

2 Eier nach und nach unterrühren (jedes Ei etwa ½ Minute). Vanillin-Zucker, Zimt und Kakao unterrühren.

3 Äpfel schälen, halbieren, vierteln, entkernen, grob raspeln. Äpfel und das mit Backpulver gemischte und gesiebte Mehl unterrühren.

4 Den Teig auf ein Backblech (30 x 40 cm, gefettet, mit Backpapier belegt) streichen. Das Backblech in den Backofen schieben.

Ober-/Unterhitze:
etwa 200 °C (vorgeheizt)
Heißluft: etwa 180°C
(nicht vorgeheizt)
Gas: Stufe 3–4
(nicht vorgeheizt)
Backzeit: 40–50 Minuten.

5 Den Kuchen auf dem Backblech auf einem Kuchenrost erkalten lassen.

6 Kuchenglasur nach Packungsanleitung auflösen, den Kuchen damit überziehen und mit Mandeln bestreuen.

- **Tipp:**
Apfelschnitten maximal 1 Tag vor dem Verzehr zubereiten. Die Schnitten eignen sich hervorragend zum Einfrieren.

Orangenkuchen mit weissem Schokoladenguss

Zubereitungszeit: 35 Min.
Backzeit: etwa 25 Min.

**Insgesamt: E: 82 g,
F: 298 g, Kh: 780 g,
kJ: 26386, kcal: 6304**

Für den Rührteig:

- **300 g weiche Butter oder Margarine**
- **300 g Zucker**
- **1 Pck. Vanillin-Zucker**
- **1 Prise Salz**
- **5 Eier (Größe M)**
- **300 g Weizenmehl**
- **2 gestr. TL Backpulver**
- **2 Pck. Finesse Orangenfrucht**

Für die Tränke:

- **200 ml Orangensaft**
- **Saft von 1 Zitrone**
- **75 g Zucker**
- **1 Pck. Finesse Orangenfrucht oder abgeriebene Schale von 1 Orange (unbehandelt)**

Für den Guss:

- **200 g Citrus Buttermilch-Schokolade oder andere weiße Schokolade mit Lemon- oder Orangengeschmack (gibt es meist nur im Sommer)**

1 Für den Teig Butter oder Margarine mit Handrührgerät mit Rührbesen auf höchster Stufe geschmeidig rühren. Nach und nach Zucker, Vanillin-Zucker und Salz unterrühren, so lange rühren, bis eine gebundene Masse entstanden ist.

2 Eier nach und nach unterrühren (jedes Ei etwa ½ Minute). Mehl und Backpulver mischen, sieben, portionsweise auf mittlerer Stufe unterrühren. Orangenfrucht unterrühren.

3 Den Teig auf einem gefetteten Backblech (30 x 40 cm) verteilen und glatt streichen. Backblech in den Backofen schieben.

Ober-/Unterhitze:
etwa 180 °C (vorgeheizt)
Heißluft:
etwa 160 °C (vorgeheizt)
Gas: Stufe 2–3 (vorgeheizt)
Backzeit: etwa 25 Minuten.

4 Das Backblech auf einen Kuchenrost stellen.

5 Für die Tränke alle Zutaten verrühren, den noch warmen Kuchen mehrmals mit einem Holzstäbchen einstechen, die Tränke darüber verteilen, den Kuchen erkalten lassen.

6 Für den Guss Schokolade in Stücke brechen, in einem kleinen Topf im Wasserbad bei schwacher Hitze zu einer geschmeidigen Masse verrühren. In einen kleinen Gefrierbeutel geben, eine kleine Spitze davon abschneiden und den Kuchen dick damit besprenkeln. Nach Belieben mit Orangenschale garnieren.

Butterkekskuchen mit Stachelbeeren

Zubereitungszeit: 50 Min.
Backzeit: etwa 12 Min.

Insgesamt: E: 81 g,
F: 323 g, Kh: 694 g,
kJ: 25984, kcal: 6213

Für den Biskuitteig:
- **4 Eier (Größe M)**
- **125 g Zucker**
- **1 Pck. Vanillin-Zucker**
- **100 g Weizenmehl**
- **1 Pck. Pudding-Pulver Vanille-Geschmack**
- **2 gestr. TL Backpulver**

Für den Belag:
- **2 Gläser Stachelbeeren (Abtropfgewicht je 390 g)**
- **600 ml Stachelbeersaft**
- **2 Pck. Pudding-Pulver Vanille-Geschmack**
- **750 ml (¾ l) Schlagsahne**
- **3 Pck. Sahnesteif**
- **3 Pck. Vanillin-Zucker**
- **etwa 32 Butterkekse**

Für den Guss:
- **100 g Zartbitterschokolade**
- **10 g Kokosfett**
- **25 g gehackte Pistazien**

1 Für den Teig Eier mit Handrührgerät mit Rührbesen auf höchster Stufe in 1 Minute schaumig schlagen. Zucker mit Vanillin-Zucker mischen, in 1 Minute einstreuen, dann noch etwa 2 Minuten schlagen.

2 Mehl, Pudding-Pulver und Backpulver mischen, die Hälfte davon auf die Eiercreme sieben und kurz auf niedrigster Stufe unterrühren. Den Rest des Mehlgemisches auf dieselbe Weise unterarbeiten.

3 Einen Backrahmen auf ein gefettetes, bemehltes Backblech (30 x 40 cm) stellen, den Teig auf das Backblech streichen. Das Backblech sofort in den Backofen schieben.

Ober-/Unterhitze:
etwa 200 °C (vorgeheizt)
Heißluft: etwa 180 °C
(vorgeheizt)
Gas: Stufe 3–4 (vorgeheizt)
Backzeit: etwa 12 Minuten.

4 Das Backblech auf einen Kuchenrost stellen, die Biskuitplatte erkalten lassen. Einen Backrahmen darumstellen.

5 Für den Belag Stachelbeeren auf einem Sieb abtropfen lassen, den Saft dabei auffangen und 600 ml davon abmessen, evtl. mit Wasser auffüllen.

6 Das Pudding-Pulver mit etwas Stachelbeersaft in einem kleinen Topf anrühren, dann den restlichen Saft hinzufügen, unter Rühren zum Kochen bringen und gut aufkochen lassen. Die Stachelbeeren sofort unterheben, die Masse auf der Biskuitplatte verteilen und abkühlen lassen.

7 Die Sahne mit Sahnesteif und Vanillin-Zucker steif schlagen und auf die Stachelbeermasse streichen. Die Butterkekse nebeneinander darauf verteilen.

8 Für den Guss Schokolade in Stücke brechen, mit dem Kokosfett in einem kleinen Topf im Wasserbad bei schwacher Hitze schmelzen lassen. Auf jeden Keks einen dicken Klecks Guss geben und mit Pistazien bestreuen.

■ Tipp:
Den Kuchen nach Belieben mit Krokant, Schokotuffs oder Schokoraspeln garnieren. Der Kuchen lässt sich gekühlt 1–2 Tage aufbewahren.

Galetta Bienenstich

**Zubereitungszeit: 30 Min.,
ohne Kühlzeit
Backzeit: etwa 12 Min.**

**Insgesamt: E: 80 g,
F: 252 g, Kh: 408 g,
kJ: 18382, kcal: 4393**

Für den Biskuitteig:
- **4 Eier (Größe M)**
- **150 g Zucker**
- **1 Pck. Vanillin-Zucker**
- **1 Pck. Finesse Geriebene Zitronenschale**
- **150 g Weizenmehl**
- **15 g Speisestärke**
- **2 gestr. TL Backpulver**

Zum Bestreuen:
- **100 g abgezogene, gehobelte Mandeln**
- **20 g Zucker**

Für die Füllung:
- **1 Pck. Galetta (zum Kaltanrühren)**
- **500–600 ml Schlagsahne**

1 Für den Teig Eier, Zucker, Vanillin-Zucker in eine Rührschüssel geben, mit Handrührgerät mit Rührbesen gut 6 Minuten schaumig rühren. Zitronenschale unterrühren.

2 Mehl, Speisestärke und Backpulver mischen, sieben und in 2 Portionen unterrühren.

3 Den Teig auf ein leicht gefettetes, mit Backpapier belegtes Backblech (30 x 40 cm) streichen.

4 Die Mandeln mit dem Zucker auf der Hälfte des Teiges verteilen. Backblech in den Backofen schieben und sofort backen.

**Ober-/Unterhitze:
etwa 200 °C (vorgeheizt)
Heißluft:
etwa 180 °C (vorgeheizt)
Gas: Stufe 3–4 (vorgeheizt)
Backzeit: etwa 12 Minuten.**

5 Backblech mit Biskuitplatte 10 Minuten auf einem Kuchenrost erkalten lassen, dann vorsichtig den Rand mit einem Messer lösen und die Platte mit dem Backpapier umgedreht auf die Arbeitsfläche stürzen, das Backpapier vorsichtig abziehen.

6 Den Kuchen etwas abkühlen lassen, dann so halbieren, dass 2 Hälften entstehen, eine mit und eine ohne Mandeln.

7 Für die Füllung Galetta nach Packungsanleitung, aber mit der angegebenen Menge Sahne, aufschlagen und sofort auf der Gebäckhälfte ohne Mandeln verstreichen. Die Hälfte mit den Mandeln nach oben darauf geben, etwas andrücken und das Ganze etwa 2 Stunden kalt stellen.

8 Den Kuchen, am besten mit einem elektrischen Messer, in Stücke schneiden.

134 Hits für Kids

Spaghettikuchen

Zubereitungszeit: 60 Min.
Backzeit: 10–12 Min.

Insgesamt: E: 140 g,
F: 426 g, Kh: 473 g,
kJ: 27235, kcal: 6505

Für den Biskuitteig:
- **4 Eier (Größe M)**
- **3–4 EL heißes Wasser**
- **125 g Zucker**
- **1 Pck. Vanillin-Zucker**
- **125 g Weizenmehl**
- **25 g Speisestärke**
- **1 gestr. TL Backpulver**

Für den Belag:
- **1 Pck. Käse-Sahne-Tortencreme**
- **200 ml Wasser**
- **500 ml (½ l) Schlagsahne**
- **500 g Speisequark**

Für die „Spaghetti":
- **600 ml Schlagsahne**
- **100 g Multivitamin-Getränkepulver**
- **1 Pck. Käse-Sahne-Tortencreme**
- **200 ml Wasser**

Für das Erdbeerpüree:
- **500 g Erdbeeren**
- **2 Pck. Dekorzucker (je 20 g) aus der Käse-Sahne-Tortencreme-Packung**

1 Für den Teig Eier und Wasser mit Handrührgerät mit Rührbesen auf höchster Stufe in 1 Minute schaumig schlagen. Zucker mit Vanillin-Zucker mischen, in 1 Minute einstreuen, dann noch etwa 2 Minuten schlagen. Mehl mit Speisestärke und Backpulver mischen, portionsweise auf die Eiercreme sieben, kurz auf niedrigster Stufe unterrühren.

2 Den Teig auf ein gefettetes Backblech (30 x 40 cm) verteilen, glatt streichen. Backblech in den Backofen schieben und sofort backen.

Ober-/Unterhitze:
etwa 200 °C (vorgeheizt)
Heißluft:
etwa 180 °C (vorgeheizt)
Gas: Stufe 3–4 (vorgeheizt)
Backzeit: 10–12 Minuten.

3 Das Backblech auf einen Kuchenrost stellen, die Biskuitplatte erkalten lassen.

4 Für den Belag die Käse-Sahne-Tortencreme nach Packungsanleitung mit den angegebenen Zutaten zubereiten.

5 Einen Backrahmen um die Biskuitplatte stellen. Die Tortencreme auf der Platte verteilen, glatt streichen, fest werden lassen.

6 Für die „Spaghetti" die Schlagsahne steif schlagen. Das Getränkepulver mit der Käse-Sahne-Creme verrühren. Wasser hinzufügen und mit einem Schneebesen ½ Minute verrühren. Geschlagene Sahne unterheben.

7 Die Masse in eine Kartoffel- oder Spätzlepresse geben und wie Spaghettinester auf die Käsemasse drücken.

8 Für das Erdbeerpüree Erdbeeren putzen, waschen, abtropfen lassen. Mit dem Dekorzucker pürieren. Kurz vor dem Servieren das Erdbeerpüree portionsweise auf den Spaghetti verteilen. Das restliche Erdbeerpüree dazu servieren.

Schokokuss-Kuchen

**Zubereitungszeit: 40 Min.,
ohne Abkühlzeit
Backzeit: 20–25 Min.**

**Insgesamt: E: 119 g,
F: 333 g, Kh: 804 g,
kJ: 28409, kcal: 6762**

Zum Vorbereiten:
- **18 Schokoküsse (450 g)**

Für den All-in-Teig:
- **300 g Weizenmehl**
- **3 gestr. TL Backpulver**
- **170 g Zucker**
- **1 Pck. Vanillin-Zucker**
- **1 Prise Salz**
- **4 Eier (Größe M)**
- **100 ml Zitronensprudel**
- **180 g weiche Butter
  oder Margarine**

- **1 Glas (210 g)
  Wildpreiselbeeren**

Für den Belag:
- **250 g Mascarpone
  (italienischer
  Frischkäse)**
- **250 g Magerquark**
- **2 Pck. Sahnesteif**

1 Zum Vorbereiten die Waffelböden von den Schokoküssen ablösen und beiseite legen. Die Schaummasse der Schokoküsse in eine Schüssel geben und beiseite stellen.

2 Für den Teig Mehl mit Backpulver mischen und in eine Rührschüssel sieben. Zucker, Vanillin-Zucker, Salz, Eier, Sprudel und Butter oder Margarine hinzufügen. Die Zutaten mit Handrührgerät mit Rührbesen zunächst kurz auf niedrigster, dann auf höchster Stufe in etwa 2 Minuten zu einem glatten Teig verarbeiten.

3 Den Teig auf ein Backblech (30 x 40 cm, gefettet) geben und glatt streichen. Die beiseite gelegten Waffeln mit der Gitterseite nach oben auf dem Teig verteilen. Auf jede Waffel 1 Teelöffel von den Preiselbeeren geben. Das Backblech in den Backofen schieben.

**Ober-/Unterhitze:
etwa 180 °C (vorgeheizt)
Heißluft:
etwa 160 °C (vorgeheizt)
Gas: Stufe 2–3 (vorgeheizt)
Backzeit: 20–25 Minuten.**

4 Das Backblech auf einen Kuchenrost stellen. Den Kuchen erkalten lassen und in 18 gleich große Stücke schneiden.

5 Für den Belag Mascarpone, Quark und Sahnesteif in eine Rührschüssel geben und mit Handrührgerät mit Rührbesen auf höchster Stufe verrühren. Die beiseite gestellte Schaummasse der Schokoküsse vorsichtig unterheben.

6 Die Creme in einen Spritzbeutel mit großer Lochtülle (Ø 1,5 cm) füllen und jeweils einen großen hohen Tupfen auf die Waffeln spritzen oder mit einem Esslöffel auf die Waffeln geben. Restliche Preiselbeeren als Spitze darauf geben.

Karnevalskuchen

**Zubereitungszeit: 60 Min.,
ohne Einweich- und
Abkühlzeit
Backzeit: 15–20 Min.**

**Insgesamt: E: 71 g,
F: 196 g, Kh: 675 g,
kJ: 19935, kcal: 4761**

Zum Vorbereiten:
- **100 g Orangeat**
- **6 EL Orangensaft**

Für den All-in-Teig:
- **250 g Weizenmehl**
- **4 gestr. TL Backpulver**
- **150 g Zucker**
- **4 Eier (Größe M)**
- **150 g weiche Butter
  oder Margarine**

Zum Beträufeln:
- **350 ml Orangensaft**
- **100 g Zucker**
- **1 TL Finesse
  Orangenfrucht**

Zum Garnieren:
- **100 g Marzipan-
  Rohmasse**
- **70 g gesiebter
  Puderzucker**
- **rote, grüne und gelbe
  Speisefarbe nach
  Belieben**

1 Zum Vorbereiten Orangeat fein hacken, in eine Schüssel geben, mit Orangensaft beträufeln und 15 Minuten einweichen.

2 Für den Teig Mehl mit Backpulver mischen und in eine Rührschüssel sieben. Zucker, Eier, Butter oder Margarine und eingeweichtes Orangeat hinzufügen. Die Zutaten mit Handrührgerät mit Rührbesen zunächst kurz auf niedrigster, dann auf höchster Stufe in etwa 2 Minuten zu einem glatten Teig verarbeiten. Den Teig auf ein Backblech (30 x 40 cm, gefettet) geben und glatt streichen. Das Backblech in den Backofen schieben.

**Ober-/Unterhitze:
etwa 180 °C (vorgeheizt)
Heißluft:
etwa 160 °C (vorgeheizt)
Gas: Stufe 2–3 (vorgeheizt)
Backzeit: 15–20 Minuten.**

3 Zum Beträufeln Orangensaft, Zucker und Orangenfrucht in einem weiten Topf unter Rühren zum Kochen bringen, bei mittlerer Hitze unter mehrmaligem Rühren 10 Minuten einko-

chen lassen (ergibt etwa 150 ml). Das Backblech auf einen Kuchenrost stellen. Den Kuchen sofort mit einem Holzstäbchen mehrmals einstechen und mit dem Sirup beträufeln. Den Kuchen erkalten lassen.

4 Zum Garnieren Marzipan-Rohmasse mit Puderzucker verkneten. Marzipanmasse dritteln und nach Belieben mit Speisefarbe einfärben. Die gefärbten Marzipanstücke aneinander setzen und auf einer mit Puderzucker bestäubten Arbeitsfläche etwa 1 mm dünn ausrollen. Mit einem Teigrädchen etwa ½ cm breite Streifen schneiden. Streifen wie Papierschlangen aufrollen. Aus dem restlichen Marzipan Konfetti ausschneiden. Den Kuchen in Rhomben schneiden. Marzipanschlangen darauf legen. Kuchenstücke mit Konfetti bestreuen.

- **Tipp:**

Nach Belieben zum Tränken 6 Esslöffel von dem Orangensaft durch weißen oder braunen Rum ersetzen.

Jobst-Schnitten

Zubereitungszeit: 30 Min., ohne Abkühlzeit
Backzeit: etwa 25 Min.

Insgesamt: E: 79 g, F: 237 g, Kh: 450 g, kJ: 17793, kcal: 4244

Für den All-in-Teig:
- **250 g Weizenmehl**
- **3 gestr. TL Backpulver**
- **120 g Zucker**
- **1 Prise Salz**
- **einige Tropfen Butter-Vanille-Aroma**
- **5 Eier (Größe M)**
- **200 g weiche Butter oder Margarine**
- **1 Pck. (75 g) Schoko-tröpfchen**

Für den Belag:
- **4 Becher (je 150 g) Jobst-Joghurt, z. B. Ananas, Erdbeer, Heidelbeer, Pfirsich/Aprikose**

- **einige Blättchen Zitronenmelisse**

1 Für den Teig Mehl mit Backpulver mischen und in eine Rührschüssel sieben. Zucker, Salz, Aroma, Eier und Butter oder Margarine hinzufügen. Die Zutaten mit Handrührgerät mit Rührbesen zunächst kurz auf niedrigster, dann auf höchster Stufe in etwa 2 Minuten zu einem glatten Teig verarbeiten.

2 Den Teig auf ein Backblech (30 x 40 cm, gefettet) geben und glatt streichen. Schokotröpfchen darauf verteilen. Das Backblech in den Backofen schieben.

Ober-/Unterhitze:
etwa 180 °C (vorgeheizt)
Heißluft:
etwa 160 °C (vorgeheizt)
Gas: Stufe 2–3 (vorgeheizt)
Backzeit: etwa 25 Minuten.

3 Das Backblech auf einen Kuchenrost stellen. Den Gebäckboden erkalten lassen. Anschließend den Boden in etwa 20 Stücke schneiden.

4 Für den Belag die Joghurtschicht aus den Bechern nehmen. Auf jedes Kuchenstück einen Klecks Joghurt geben und mit einem Teelöffel eine Vertiefung eindrücken. In die Vertiefung jeweils etwas von der Fruchtmasse (aus den Joghurtbechern) geben.

5 Die Jobstschnitten mit Zitronenmelisseblättchen garniert servieren.

Pritzelkuchen

Zubereitungszeit: 20 Min.
Backzeit: etwa 25 Min.

Insgesamt: E: 82 g,
F: 244 g, Kh: 507 g,
kJ: 19749, kcal: 4719

Für den Rührteig:
- **250 g weiche Butter oder Margarine**
- **200 g Zucker**
- **1 Pck. Vanillin-Zucker**
- **1 Prise Salz**
- **5 Eier (Größe M)**
- **2 Beutel (je 6 g) Brausepulver Orange**
- **350 g Weizenmehl**
- **3 gestr. TL Backpulver**
- **etwa 50 ml Milch**

Zum Tränken:
- **2 Beutel (je 6 g) Brausepulver Orange**
- **200 ml Orangensaft**

Zum Bestreuen:
- **Bunter Knusperpuffreis**

1 Für den Teig Butter oder Margarine mit Handrührgerät mit Rührbesen auf höchster Stufe geschmeidig rühren. Nach und nach Zucker, Vanillin-Zucker und Salz unterrühren. So lange rühren, bis eine gebundene Masse entstanden ist.

2 Eier nach und nach unterrühren (jedes Ei etwa ½ Minute). Brausepulver unterrühren. Mehl mit Backpulver mischen, sieben, abwechselnd mit der Milch portionsweise auf mittlerer Stufe unterrühren.

3 Den Teig auf ein gefettetes Backblech (30 x 40 cm) geben, glatt streichen und in den Backofen schieben (mittlere Einschubleiste).

Ober-/Unterhitze:
etwa 180 °C (vorgeheizt)
Heißluft:
etwa 160 °C (vorgeheizt)
Gas: Stufe 2–3 (vorgeheizt)
Backzeit: etwa 25 Minuten.

4 Nach dem Backen den Kuchen 10 Minuten abkühlen lassen. Zum Tränken das Brausepulver mit dem Saft verrrühren. Den Kuchen mit Hilfe eines Pinsels mit dem angerührten Brausepulver gleichmäßig tränken und mit dem Knusperpuffreis bestreuen.

■ **Tipp:**
Der Pritzelkuchen kann auch mit anderen Brausepulver-Geschmacksrichtungen zubereitet werden.

Kirschjoghurt-Becherkuchen

Zubereitungszeit: 20 Min.
Backzeit: etwa 25 Min.

Insgesamt: E: 71 g,
F: 185 g, Kh: 551 g,
kJ: 18561, kcal: 4431

Für den Teig:
- 1 Glas Sauerkirschen (Abtropfgewicht 370 g)
- 1 Becher (175 g) Kirschjoghurt
- 150 ml Speiseöl
- 150 g Zucker
- 1 Pck. Vanillin-Zucker
- 3 Eier (Größe M)
- 300 g Weizenmehl
- 1 Pck. Backpulver
- 4 EL Kirschsaft

Für den Guss:
- 1 Pck. Tortenguss, klar
- 1 Pck. Tortenguss, rot
- 250 ml (¼ l) Kirschsaft
- 1 Becher (175 g) Kirschjoghurt
- 1 EL Zucker

1 Für den Teig die Kirschen in einem Sieb abtropfen lassen. Saft dabei auffangen.

2 Kirschjoghurt in eine Rührschüssel geben. Die restlichen Zutaten hinzufügen, mit Handrührgerät mit Rührbesen verrühren und auf ein gefettetes Backblech (30 x 40 cm) streichen.

3 Kirschen auf dem Teig verteilen und das Backblech in den Backofen schieben.

Ober-/Unterhitze:
etwa 200 °C (vorgeheizt)
Heißluft: etwa 180 °C
(vorgeheizt)
Gas: Stufe 3–4 (vorgeheizt)
Backzeit: etwa 25 Minuten.

4 Nach dem Backen den Kuchen auf dem Backblech auf einem Kuchenrost erkalten lassen.

5 Für den Guss das Tortengusspulver nach Packungsanleitung – aber nur mit insgesamt 250 ml (¼ l) Saft, dem Joghurt (auch mit erhitzen) und dem Zucker – unter Rühren zubereiten und auf dem Kuchen verteilen, fest werden lassen.

- **Tipp:**
Sie können den Guss auch nur mit rotem Tortenguss zubereiten, dann wird er dunkler. Ohne Guss kann der Kuchen gut eingefroren werden.

146   Hits für Kids   FRUCHTIG

Nippon-Saft-Schnitten

Zubereitungszeit: 50 Min., ohne Kühlzeit
Backzeit: etwa 15 Min.

Insgesamt: E: 60 g, F: 247 g, Kh: 599 g, kJ: 20476, kcal: 4885

Für den Knetteig:
- **175 g Weizenmehl**
- **½ gestr. TL Backpulver**
- **80 g Zucker**
- **1 Pck. Vanillin-Zucker**
- **80 g Butter oder Margarine**
- **2 EL Wasser**

Für die Füllung:
- **8 Blatt weiße Gelatine**
- **2 Pck. Pudding-Pulver Sahne-Geschmack**
- **80 g Zucker**
- **600 ml Orangensaft**
- **250 ml (¼ l) Möhrensaft**
- **1 Pck. Finesse Orangenfrucht**
- **400 ml Schlagsahne**
- **2 Pck. Vanillin-Zucker**

Zum Bestreichen:
- **4 EL Orangenmarmelade**

Zum Garnieren:
- **13 Nippon (Schoko-Reis-Quadrate)**
- **1 Orange**

1 Für den Teig Mehl mit Backpulver mischen und in eine Rührschüssel sieben. Restliche Zutaten hinzufügen und mit Handrührgerät mit Knethaken zunächst kurz auf niedrigster, dann auf höchster Stufe gut durcharbeiten. Anschließend auf einer bemehlten Arbeitsfläche zu einem glatten Teig verkneten.

2 Teig auf einem Backblech (gefettet, mit Backpapier belegt) zu einem quadratischen Boden (25 x 25 cm) ausrollen und den Backrahmen genau abschließend darumstellen. Den Boden mit einer Gabel mehrfach einstechen und das Backblech in den Backofen schieben.

Ober-/Unterhitze:
etwa 200 °C (vorgeheizt)
Heißluft:
etwa 180 °C (vorgeheizt)
Gas: Stufe 3–4 (vorgeheizt)
Backzeit: etwa 15 Minuten.

3 Den Boden mit dem Backrahmen auf dem Backblech auf einen Kuchenrost stellen und erkalten lassen.

4 Für die Füllung Gelatine nach Packungsanleitung einweichen. Pudding-Pulver mit Zucker mischen und mit etwa 6 Esslöffeln von dem Orangensaft glatt rühren. Übrigen Orangensaft aufkochen, von der Kochstelle nehmen und angerührtes Pulver mit einem Schneebesen einrühren. Pudding erneut auf die Kochstelle geben und unter Rühren mindestens 1 Minute kochen lassen. Gelatine ausdrücken und im heißen Pudding auflösen. Möhrensaft und Orangenfrucht unterrühren und den Pudding erkalten lassen, dabei gelegentlich umrühren.

5 Sahne mit Vanillin-Zucker steif schlagen. Erkalteten Pudding mit Handrührgerät mit Rührbesen cremig rühren und die steif geschlagene Sahne kurz unterrühren. Orangenmarmelade in einem Topf 1–2 Minuten einkochen lassen, sofort auf den Boden streichen und erkalten lassen. Die Füllung in den Backrahmen geben, glatt streichen und die Schoko-Reis-Quadrate schachbrettartig auf dem Pudding verteilen. Den Kuchen mindestens 2 Stunden kalt stellen.

6 Vor dem Servieren den Backrahmen vorsichtig lösen und entfernen. Den Kuchen in rechteckige Schnitten teilen. Die Orange mit einem Messer so schälen, dass die weiße Haut mitentfernt wird und in Scheiben schneiden. Scheiben vierteln und dekorativ auf die Schnitten legen.

148   Hits für Kids

BELIEBT

Wackelschnitten

Zubereitungszeit: 50 Min., ohne Kühlzeit
Backzeit: etwa 30 Min.

Insgesamt: E: 101 g, F: 307 g, Kh: 759 g, kJ: 26197, kcal: 6251

Für den Rührteig:
- **1 Dose Ananasstücke oder -scheiben (Abtropfgewicht 340 g)**
- **250 g weiche Butter oder Margarine**
- **250 g Zucker**
- **1 Pck. Vanillin-Zucker**
- **4 Eier (Größe M)**
- **250 g Weizenmehl**
- **3 gestr. TL Backpulver**

Für den Belag:
- **8 Blatt weiße Gelatine**
- **200 ml Schlagsahne**
- **500 g Kefir**
- **100 g Zucker**
- **100 ml Ananassaft aus der Dose**

Zum Garnieren:
- **2–3 Becher (je 125 g) Götterspeise Himbeer-Geschmack (aus dem Kühlregal)**
- **2–3 Becher (je 125 g) Götterspeise Wald-meister-Geschmack (aus dem Kühlregal)**

1 Für den Teig Ananas-stücke oder -scheiben in einem Sieb gut abtropfen lassen, Saft dabei auffangen. Ananasscheiben klein schneiden. Butter oder Margarine mit Handrührgerät mit Rührbesen auf höchster Stufe geschmeidig rühren. Nach und nach Zucker und Vanillin-Zucker unterrühren. So lange rühren, bis eine gebundene Masse entstanden ist.

2 Eier nach und nach unterrühren (jedes Ei etwa ½ Minute). Mehl mit Backpulver mischen, sieben und portionsweise auf mittlerer Stufe unterrühren. Einen Backrahmen (30 x 40 cm) auf ein gefettetes Backblech stellen und den Teig gleichmäßig darin verstreichen. Abgetropfte Ananasstücke auf dem Teig verteilen, leicht andrücken und das Backblech in den Backofen schieben.

Ober-/Unterhitze:
etwa 180 °C (vorgeheizt)
Heißluft:
etwa 160 °C (vorgeheizt)
Gas: Stufe 2–3 (vorgeheizt)
Backzeit: etwa 30 Minuten.

3 Den Boden mit dem Backrahmen auf dem Backblech auf einen Kuchen-rost stellen und erkalten lassen.

4 Für den Belag Gelatine nach Packungsanleitung einweichen. Sahne steif schlagen. Kefir mit Zucker in eine Rührschüssel geben und verrühren. Gelatine leicht ausdrücken und mit dem Ananassaft in einem kleinen Topf bei schwacher Hitze unter Rühren auflösen (nicht kochen). Gelatine-Ananas-Flüssigkeit unter den Kefir rühren und Sahne in 2 Portionen mit Hilfe eines Schneebesens unterrühren. Die Creme auf den erkalteten Boden geben, gleichmäßig verteilen und mindestens 2 Stunden kalt stellen.

5 Zum Garnieren vor dem Servieren Götterspeise mit Hilfe eines Tafelmessers aus den Bechern lösen, stürzen und vorsichtig in Scheiben schneiden. Die meisten Scheiben halbieren und als „Schmetterlingsflügel" dekorativ auf dem Kuchen verteilen. Von einer Scheibe Götterspeise schmale Streifen für die „Fühler" schneiden und anlegen. Restliche Scheiben Götterspeise in kleine Würfel schneiden und auf die Kuchenoberfläche streuen. Den Backrahmen mit Hilfe eines Tafelmessers lösen und entfernen.

150 Hits für Kids

FÜR GÄSTE

Zwiebackstreuselkuchen

**Zubereitungszeit: 35 Min.,
ohne Teiggehzeit
Backzeit: etwa 25 Min.**

**Insgesamt: E: 95 g,
F: 250 g, Kh: 578 g,
kJ: 20782, kcal: 4942**

Für den Hefeteig:
- **1 Pck. (357 g)
  Grundmischung
  Hefeteig**
- **50 g weiche Butter
  oder Margarine**
- **150 ml warme Milch**
- **1 Ei (Größe M)**

Zum Bestreichen:
- **Milch**

Für die Zwiebackstreusel:
- **100 g Zwieback**
- **75 g Weizenmehl**
- **100 g Zucker**
- **½ TL gemahlener Zimt**
- **100 g abgezogene,
  gemahlene Mandeln**
- **150 g Butter oder
  Margarine**

Für den Belag:
- **1 Pck. Backfeste
  Puddingcreme**
- **250 ml (¼ l) Milch**

Zum Bestreichen:
- **2–3 EL Aprikosenkonfitüre oder Apfelgelee**

1 Für den Teig die Grundmischung mit Butter
oder Margarine, Milch und
Ei nach Packungsanleitung
zubereiten. Den Teig zugedeckt an einem warmen Ort
etwa 30 Minuten gehen lassen, bis er sich sichtbar vergrößert hat.

2 Den Teig leicht mit
Mehl bestäuben, mit
Hilfe einer Teigkarte aus der
Schüssel nehmen, auf einer
leicht bemehlten Arbeits-
fläche gut durchkneten, auf
einem Backblech (30 x 40 cm,
gefettet) ausrollen und mit
Milch bestreichen. Vor den
Teig einen mehrfach geknickten Streifen Alufolie legen.

3 Für die Streusel Zwieback in einen Gefrier-
beutel geben, ihn verschließen und den Zwieback mit
einer Teigrolle fein zerdrü-
cken. Mehl in eine Rühr-
schüssel sieben. Zucker, Zimt,
Zwieback, Mandeln und
Butter oder Margarine hinzufügen. Die Zutaten mit
Handrührgerät mit Rührbe-
sen zu Streuseln von ge-
wünschter Größe verarbei-
ten. Die Streusel auf dem
Teigboden verteilen.

4 Für den Belag Puddingcreme mit Milch nach
Packungsanleitung zubereiten. Mit einem Esslöffel kleine Vertiefungen in den Teig
drücken. Die Puddingcreme
mit Hilfe eines Teelöffels in
etwa walnussgroßen Häuf-
chen hineingeben.

5 Den Teig zugedeckt
nochmals so lange an
einem warmen Ort gehen lassen, bis er sich sichtbar vergrößert hat. Das Backblech in
den Backofen schieben.

**Ober-/Unterhitze:
etwa 200 °C (vorgeheizt)
Heißluft:
etwa 180 °C (vorgeheizt)
Gas: Stufe 3–4 (vorgeheizt)
Backzeit: etwa 25 Minuten.**

6 Das Backblech auf einen
Kuchenrost stellen. Zum
Bestreichen Aprikosenkon-
fitüre oder Apfelgelee gut
verrühren und die Pudding-
häufchen sofort damit
bestreichen. Den Kuchen
erkalten lassen und in beliebig große Stücke schneiden.

Früchtekuchen „Kunterbunt"

**Zubereitungszeit: 45 Min.,
ohne Abkühlzeit
Backzeit: etwa 30 Min.**

**Insgesamt: E: 90 g,
F: 217 g, Kh: 542 g,
kJ: 21596, kcal: 5158**

Für den Belag:
- 1 kleine Dose Pfirsich-
  hälften (Abtropf-
  gewicht 250 g)
- 1 Glas Kaiserkirschen
  (Abtropfgewicht 400 g)
- 1 Dose (12 Scheiben)
  Baby-Ananasscheiben
  (Abtropfgewicht 200 g)
- 4 Kiwis

Für den Schüttelteig:
- 200 g Weizenmehl
- 1 Pck. Saucen-Pulver
  Vanille-Geschmack
- 2 gestr. TL Backpulver
- 175 g Zucker
- 5 Eier (Größe M)
- ½ Becher (75 g)
  Naturjoghurt
- 150 g zerlassene,
  abgekühlte Butter
  oder Margarine
- 100 g abgezogene,
  gemahlene Mandeln

- rote, gelbe und grüne
  Speisefarbe

Für den Guss:
- 2 Pck. Tortenguss, klar
- 500 ml (½ l) Fruchtsaft

1 Für den Belag Pfirsichhälften, Kirschen und
Ananasscheiben in einem
Sieb gut abtropfen lassen.
Den Saft dabei auffangen
und 500 ml (½ l) davon
abmessen. Kiwis schälen und
in Scheiben schneiden.

2 Für den Teig Mehl mit
Saucen-Pulver und
Backpulver mischen, in eine
verschließbare Schüssel
(3-Liter-Inhalt) sieben, mit
Zucker vermengen. Eier,
Joghurt, Butter oder Margarine hinzufügen. Schüssel mit
dem Deckel fest verschließen.

3 Mehrmals (insgesamt
15–30 Sekunden) kräftig
schütteln, so dass alle Zutaten
gut vermischt sind. Mandeln
hinzugeben. Alles mit einem
Schneebesen oder Rührlöffel
nochmals sorgfältig durchrühren, damit vor allem trockene Zutaten vom Rand mit
untergerührt werden.

4 Den Teig dritteln. Mit
den Speisefarben jeweils
ein Drittel rot, gelb und grün
färben, dann in Klecksen auf
ein Backblech (gefettet) geben und glatt streichen. Jeden
Teigklecks mit der passend
farbigen Frucht belegen.
(grün mit Kiwischeiben, rosa
mit Kirschen, gelb mit Ananasscheiben und Pfirsich-
spalten). Das Backblech in
den Backofen schieben.

**Ober-/Unterhitze:
etwa 180 °C (vorgeheizt)
Heißluft:
etwa 160 °C (vorgeheizt)
Gas: Stufe 2–3 (vorgeheizt)
Backzeit: etwa 30 Minuten.**

5 Das Backblech auf einen
Kuchenrost stellen. Den
Kuchen erkalten lassen.

6 Für den Guss Tortengusspulver mit dem
abgemessenen Fruchtsaft –
aber ohne Zucker – nach
Packungsanleitung zubereiten. Den Guss auf den Früchten verteilen. Guss fest werden lassen.

Kapitelregister

Fruchtiges vom Blech

Apfel-Blüten-Kuchen 36

Apfelkuchen mit Pudding 14

Aprikosen-Crème-fraîche-Schnitten . . 12

Bananen-Quark-Kuchen 56

Bunte Obstschnitten vom Blech 8

Erdbeer-Käse-Kuchen 46

Erdbeer-Quark-Schnitten 20

Fanta®-Schnitten mit Roter Grütze . . . 52

Früchte-Quark-Kuchen 50

Himbeer-Dickmilch-Kuchen (Titelrezept) 58

Himbeerschaumkuchen 24

Käsekuchen-Hawaii-Schnitten 34

Kirschkuchen, gedeckt 40

Mandarinen-Schmand-Kuchen 30

Möhren-Orangen-Kuchen 48

Obstkuchen mit Buttermilch 54

Obstkuchen mit Walnusskernen 18

Pfirsichschnitten 26

Quark-Apfel-Kuchen mit Streuseln . . . 16

Rhabarberkuchen mit Marzipangitter . 22

Rhabarber-Pfirsich-Kuchen 42

Saftige Schnitten mit Pfirsichschmand 32

Sauerkirschkuchen 10

Schoko-Birnen-Kuchen mit Schmand . 28

Schoko-Kokos-Bienenstich 38

Zwetschen-Marzipan-Schnitten 44

Klassiker

Apfelkuchen, sehr fein 76

Badischer Käsekuchen 66

Brownies 94

Butter-Mandel-Kuchen 62

Friesischer Streuselkuchen 72

Gefüllter Butterkuchen 70

Kokos-Bienenstich 74

Kokosschnitten 64

Marzipan-Butterkuchen 86

Pflaumenmuskuchen nach Linzer Art . 84

Rhabarberkuchen 68

Russischer Zupfkuchen vom Blech . . . 78

Sandschnitten 88

Schneckenkuchen vom Blech 82

Schneller, gedeckter Apfelkuchen 80

Kapitelregister

Spanischer Streuselkuchen 60

Thüringer Mohnkuchen 90

Thüringer Streuselkuchen 92

Mit Nuss & Mandelkern

Blondes Blech 114

Butter-Nuss-Kuchen 96

Erdnuss-Butter-Kuchen 118

Lavakuchen 116

Mandel-Schoko-Schnitten 102

Nuss-Marzipan-Schnitten 104

Nuss-Rum-Schnitten 100

Nuss-Schnitten 108

Ovomaltine-Kuchen 122

Russischer Honigkuchen 112

Sanddornkuchen mit Baiser 120

Schokoladen-Nuss-Streifen 124

Süße Schnitten 106

Umgedrehter

   Ahornsirup-Nuss-Kuchen 110

Walnusshappen 98

Hits für Kids

Apfelschnitten 128

Butterkekskuchen mit Stachelbeeren . . 132

Fliesenkuchen 126

Früchtekuchen „Kunterbunt" 154

Galetta Bienenstich 134

Jobst-Schnitten 142

Karnevalskuchen 140

Kirschjoghurt-Becherkuchen 146

Nippon-Saft-Schnitten 148

Orangenkuchen mit weißem

   Schokoladenguss 130

Pritzelkuchen 144

Schokokuss-Kuchen 138

Spaghettikuchen 136

Wackelschnitten 150

Zwiebackstreuselkuchen 152

Alphabetisches Register

A

Ahornsirup-Nuss-Kuchen,
umgedrehter 110

Apfel-Blüten-Kuchen 36

Apfelkuchen mit Pudding 14

Apfelkuchen, schneller, gedeckter 80

Apfelkuchen, sehr fein 76

Apfelschnitten 128

Aprikosen-Crème-fraîche-Schnitten .. 12

B

Badischer Käsekuchen 66

Bananen-Quark-Kuchen 56

Blondes Blech 114

Brownies 94

Bunte Obstschnitten vom Blech 8

Butterkekskuchen mit Stachelbeeren .. 132

Butterkuchen, gefüllter 70

Butter-Mandel-Kuchen 62

Butter-Nuss-Kuchen 96

E/F

Erdbeer-Käse-Kuchen 46

Erdbeer-Quark-Schnitten 20

Erdnuss-Butter-Kuchen 118

Fanta®-Schnitten mit Roter Grütze ... 52

Fliesenkuchen 126

Friesischer Streuselkuchen 72

Früchtekuchen „Kunterbunt" 154

Früchte-Quark-Kuchen 50

G/H/J

Galetta Bienenstich 134

Gefüllter Butterkuchen 70

Himbeer-Dickmilch-Kuchen (Titelrezept) 58

Himbeerschaumkuchen 24

Honigkuchen, Russischer 112

Jobst-Schnitten 142

K

Karnevalskuchen 140

Käsekuchen-Hawaii-Schnitten 34

Käsekuchen, Badischer 66

Kirschjoghurt-Becherkuchen 146

Kirschkuchen, gedeckt 40

Kokos-Bienenstich 74

Kokosschnitten 64

L/M

Lavakuchen 116

Mandarinen-Schmand-Kuchen 30

Mandel-Schoko-Schnitten 102

Marzipan-Butterkuchen 86

Mohnkuchen, Thüringer 90

Möhren-Orangen-Kuchen 48

Alphabetisches Register

N/O

Nippon-Saft-Schnitten 148

Nuss-Marzipan-Schnitten 104

Nuss-Rum-Schnitten 100

Nuss-Schnitten 108

Obstkuchen mit Buttermilch 54

Obstkuchen mit Walnusskernen 18

Obstschnitten vom Blech, bunte 8

Orangenkuchen mit weißem
   Schokoladenguss 130

Ovomaltine-Kuchen 122

P/Q/R

Pfirsichschnitten 26

Pflaumenmuskuchen nach Linzer Art . 84

Pritzelkuchen 144

Quark-Apfel-Kuchen mit Streuseln . . . 16

Rhabarberkuchen mit Marzipangitter . 22

Rhabarberkuchen 68

Rhabarber-Pfirsich-Kuchen 42

Russischer Honigkuchen 112

Russischer Zupfkuchen vom Blech . . . 78

S

Saftige Schnitten mit Pfirsichschmand 32

Sanddornkuchen mit Baiser 120

Sandschnitten 88

Sauerkirschkuchen 10

Schneckenkuchen vom Blech 82

Schneller, gedeckter Apfelkuchen 80

Schoko-Birnen-Kuchen mit Schmand . 28

Schoko-Kokos-Bienenstich 38

Schokokuss-Kuchen 138

Schokoladen-Nuss-Streifen 124

Spaghettikuchen 136

Spanischer Streuselkuchen 60

Streuselkuchen, Friesischer 72

Streuselkuchen, Thüringer 92

Süße Schnitten 106

T/U

Thüringer Mohnkuchen 90

Thüringer Streuselkuchen 92

Umgedrehter
   Ahornsirup-Nuss-Kuchen 110

W/Z

Wackelschnitten 150

Walnusshappen 98

Zupfkuchen vom Blech, russischer . . . 78

Zwetschen-Marzipan-Schnitten 44

Zwiebackstreuselkuchen 152

3. Auflage

Hinweis — Wenn Sie Anregungen, Vorschläge oder Fragen haben,
rufen Sie unter folgenden Nummern an: 05 21/1 55 25 80
oder 0521/52 06 58 oder schreiben Sie an:
Dr. Oetker Verlag KG, Redaktion Sonderprojekte,
Am Bach 11, 33602 Bielefeld

Copyright — © 2005 by Dr. Oetker Verlag KG, Bielefeld

Genehmigte Lizenzausgabe für den Wilhelm Heyne Verlag,
München, in der Verlagsgruppe Random House GmbH.
www.heyne.de
Printed in Germany 2005

Redaktion — Jasmin Gromzik, Miriam Krampitz

Titelfoto — Thomas Diercks, Hamburg

Innenfotos — Thomas Diercks, Hamburg (S. 11, 13, 15, 19-25, 29-39, 47-59,
63-75, 79-91, 97-147, 155)
Ulrich Kopp, Füssen (S. 9, 27, 43)
Kramp & Gölling, Hamburg (S. 41)
Bernd Lippert, Bielefeld (S. 61, 153)
Axel Struwe, Bielefeld (S. 149, 151)
Brigitte Wegner, Bielefeld, (S. 17, 45, 77, 93, 95)

Grafisches Konzept — Björn Carstensen, Hamburg
Umschlaggestaltung — kontur:design GmbH, Bielefeld
Gestaltung — M·D·H Haselhorst, Bielefeld

Druck und Bindung — RMO, München

Nachdruck, auch auszugsweise, nur mit unserer aus-
drücklichen Genehmigung und mit Quellenangabe gestattet.

ISBN-10: 3-453-85501-9
ISBN-13: 978-3-453-85501-4